PASSE-PARTOUT

WILLIAM ELLIS SCHOOL
HIGHGATE ROAD, NW5

Daphne Philpot, Judy Somerville & Lawrence Briggs

William Cottam
9m
French
Mr Tyrrel

Nelson

Thomas Nelson and Sons Ltd
Nelson House   Mayfield Road
Walton-on-Thames   Surrey
KT12 5PL   UK

© Judy Somerville, Daphne Philpot
and Lawrence Briggs 1997

First published by Thomas Nelson and Sons Ltd 1997

I(T)P® Thomas Nelson is an
International Thomson Publishing Company

I(T)P® is used under licence

ISBN 0-17-440158-2
NPN 9 8 7 6 5 4 3

All rights reserved.
No part of this publication may be reproduced, copied or transmitted, save with written permission or in accordance with the provisions of the Copyright, Design and Patents Act 1988, or under the terms of any licence permitting limited copying issued by the Copyright Licensing Agency, 90 Tottenham Court Road, London W1P 9HE.
Any person who does any unauthorised act in relation to this publication may be liable to criminal prosecution and civil claims for damages.

Printed in China

Acknowledgements

Consultants:
Peter Spain
Nikki Garrett

Language checkers:
Marine Huchet

Original songs:
Leah Boyd Barrett

Photography:
Ancient Art & Architecture: pp.104, 110
Image Bank: pp.37, 44, 47, 54, 64, 77, 121
Tony Stone Images: pp.37, 44, 47, 54, 64, 77, 121
Zefa: p.64
Picture Research: Image Select
All other photos by Paul Rogers or supplied
by Thomas Nelson and Sons Ltd

Illustrations:
Atlas Translations,
Jeremy Bays (Graham-Cameron Illustration),
Brand O, Judy Byford, Justyn Chan, Martin Cottam,
Steve Donald, Belinda Evans (Sylvie Poggio Artists),
Lorraine Harrison, David Horwood, Jeremy Long,
Moondisks Ltd, Cambridge,
Julian Mosedale (Pennant Illustration agency),
Pat Murray (Graham-Cameron Illustration),
Stephanie Strickland, Ray Webb (Oxford Illustrators),
Allen Wittert (Pennant Illustration agency), Dave Wood.

Commissioning and development:	Clive Bell
Project management:	Diana Hornsby
Editorial:	Dave Francis, Keith Faulkner
Concept design:	Eleanor Fisher
Production:	Mark Ealden, Elizabeth York
Marketing:	Rosemary Thornhill, Mike Vawdrey
Produced by:	Moondisks Ltd, Cambridge

Special thanks to the students and teachers at all the schools which trialled Passe-partout, too numerous to mention individually.

You will get to know this group of French friends.

Bleuet helps you with French sounds.

These characters help you to speak more French in lessons.

Look out for these in PASSE-PARTOUT.
They will help you to learn French.

An activity sheet to help you learn important words.

A cassette which you can listen to without your teacher.

Work which you can do on your own.

A cassette which you can listen to with your teacher.

Glossaire

Two lists to help you to find words and their meanings.

Pages 126 to 140

Instructions

A list to help you to understand French instructions in PASSE-PARTOUT.

Pages 141 to 142

un 1

Sommaire

Page

1 Mes vacances — 4
1	Où?	Countries and places visited
2	Quand?	Times and dates of recent journeys
3	Activités	Recent activities

2 Quel dommage! — 24
1	Ça ne va pas!	Feeling unwell and asking what's wrong
2	Je ne peux pas!	Making and turning down suggestions
3	Dis donc!	Saying what others have done recently

3 Là où j'habite — 44
1	Tu habites où?	Saying where I live and asking where others live
2	Qu'est-ce qu'il y a?	Asking and saying what there is in a town or village
3	Pardon, monsieur ... Pardon, madame ...	Asking and finding the way

4 Chez moi — 64
1	Bienvenue chez moi!	Describing my home and asking about others
2	A la maison	Jobs at home and how often
3	Qu'est-ce que tu as fait?	Yesterday evening and last weekend

5 Amusez-vous bien! — 84
1	Les achats	Shopping for food and drink
2	Qu'est-ce que tu vas faire?	Future plans
3	Qu'est-ce que tu vas mettre?	Talking about and buying clothes

6 Retour vers le passé — 104
1	Visite à Lascaux	Asking and talking about a recent visit
2	La famille Laroche	People, places and activities
3	Salut! C'est nous!	Revision

Grammaire — 124

Glossaire
Vocabulaire français – anglais	126
Vocabulaire anglais – français	133
Instructions	141

Page

Le dictionnaire français-anglais	Using the French-English section of a dictionary	11
Bref	Writing and rewriting	39
Le dictionnaire anglais-français	Using the English-French section of a dictionary	51
Je lis et je comprends!	Tips for reading	73
Une cassette en classe. Pas de panique!	Tips for listening to a cassette in class	97
Recherche encore!	More tips for revision	119

Excuses!	Making excuses in class	14
Ça va mal!	Telling others what to do and what not to do	29
La dispute!	Agreeing and disagreeing	57
Ça suffit!	Saying where something is in the classroom	70
Ce n'est pas vrai!	Classroom problems	92
Voilà, monsieur!	Working in pairs and groups	118

Nous sommes allés au café	The sound é	17
Ça va?	Sounds: -a, -as, à and -oi, -oid, -oigt	37
Alerte!	Sounds: -t, -d and -te, -de	50
C'est ton appartement?	The sounds of questions and statements	68
Je vais passer mes vacances à St Tropez!	Sounds: -er, -re. Revision of -s before vowels	90
Le rap de Lascaux	Revision of French sounds	115

trois 3

1 Mes vacances

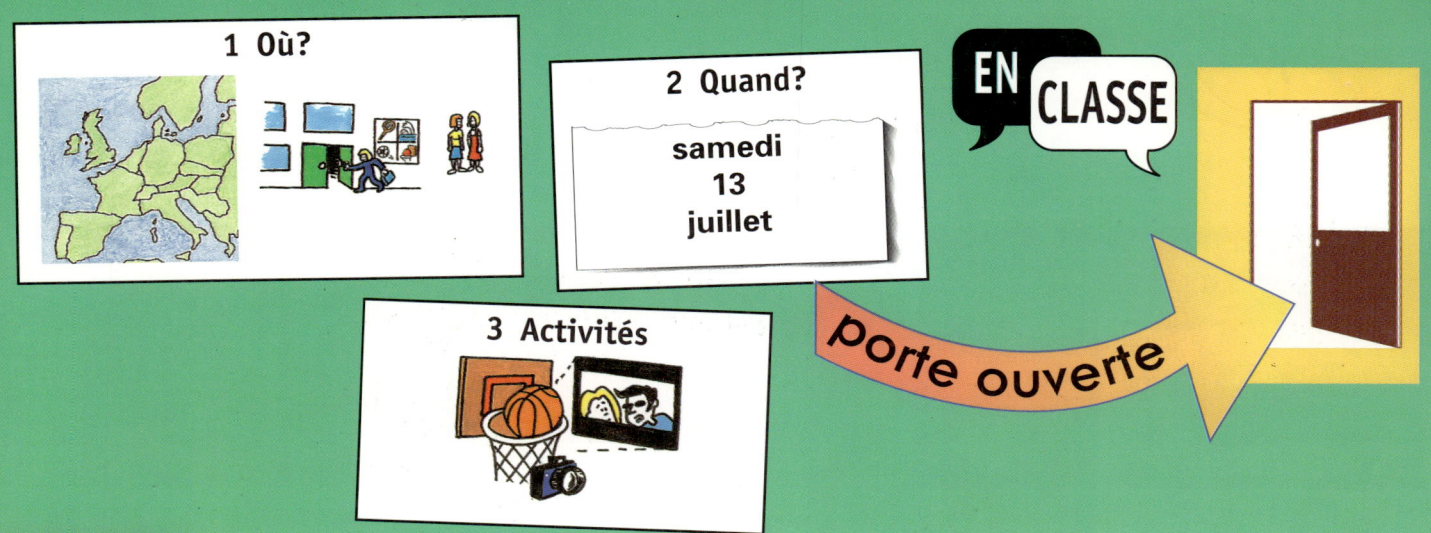

① Où?

1 Voyages en Europe
Qui parle?

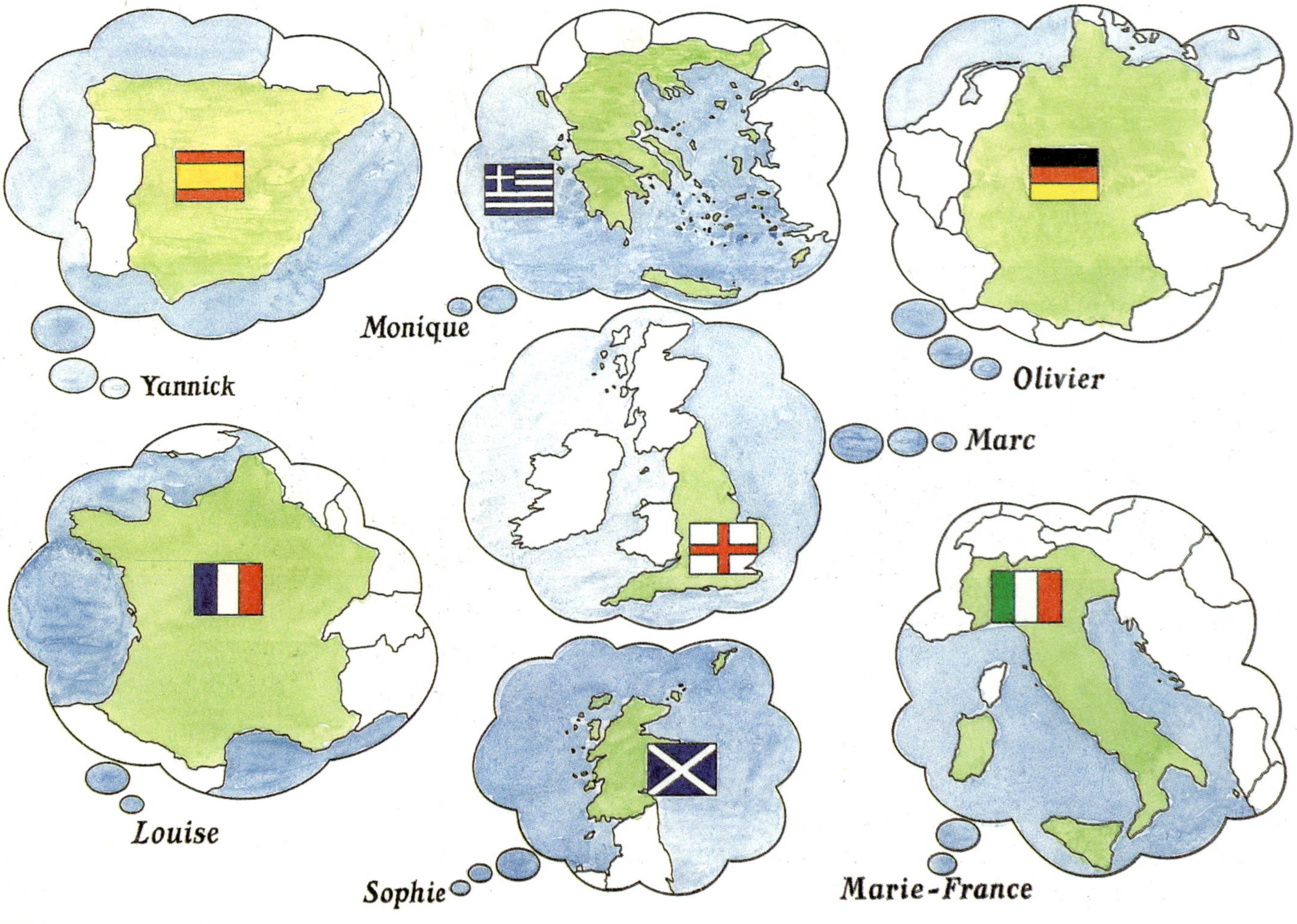

Yannick — Monique — Olivier — Marc — Louise — Sophie — Marie-France

2 C'est qui?
Travaillez à deux.
Exemple:

> Je suis allée en Ecosse.

> Tu es Sophie?

> Oui!

3 Les vacances!
Ecoute et lis.
C'est quelle image?
Exemple: 1 = D

① Je suis resté en France. C'était intéressant.

B

A

② Je suis allée en Angleterre. C'était moche.

C

③ Je suis allée en Espagne avec ma mère. C'était fantastique!

D

④ Je suis allé en Italie avec mes parents. C'était ennuyeux!

E

⑤ Je suis resté chez moi avec mes copains. C'était super!

4 A toi!
Décris les vacances de Yannick et des autres! *(voir page 4)*
Exemple: Yannick – "Je suis allé en Espagne. C'était super!"
Monique – …

cinq 5

ATTENTION!

Je suis all**é** ...
Je suis rest**é** ...

Je suis all**ée** ...
Je suis rest**ée** ...

1 Tour d'Europe!
a Regarde et lis.
b Ecris la bonne phrase.

Je suis allée en Italie.　　Je suis resté en France.　　Je suis allée en Angleterre.

Je suis restée en France.　　Je suis allé en Italie.　　Je suis allé en Angleterre.

2 A toi!
Invente des phrases.

3 Tu es allé où?

Tu es allé où?
En Espagne.

Tu es allée où?
En Allemagne.

Tu es allé où?
En Italie.

Tu es allée où?
Je suis restée au lit.

4 Jeu de vacances

A deux:

Exemple:

Tu es allé(e) où?

Trois. Je suis allé(e) en ville

J'ai gagné!

Légende

Je suis allé(e) …

1 Un bon week-end!

Ecoute et lis.

2 C'est pas vrai!

Relis *Un bon week-end* et corrige les erreurs:

1. Je suis allé à la campagne avec mes copains.
2. Vendredi nous sommes allés à la rivière.
3. Le soir nous sommes allés au café.
4. Samedi nous sommes allés au château et au restaurant.
5. Le week-end, c'était fantastique!

ATTENTION!

 Je suis all**é**

 Je suis all**ée**

 Nous sommes all**és**

 Nous sommes all**ées**

 Nous sommes all**és**

3 Fais ton choix.

Ecris les bonnes phrases

Exemple:

Je suis [~~allé~~ / allée] au parc d'attractions.

1. Nous sommes [allés / allées] à la plage.
2. Nous sommes [allés / allées] au cinéma.
3. Je suis [allé / allée] en ville.
4. Nous sommes [allés / allées] au centre sportif.
5. Je suis [allé / allée] à la piscine.

4 A toi!

Décris un bon week-end!

2 Quand?

1 Voyage en Angleterre
Ecoute et regarde la carte A.

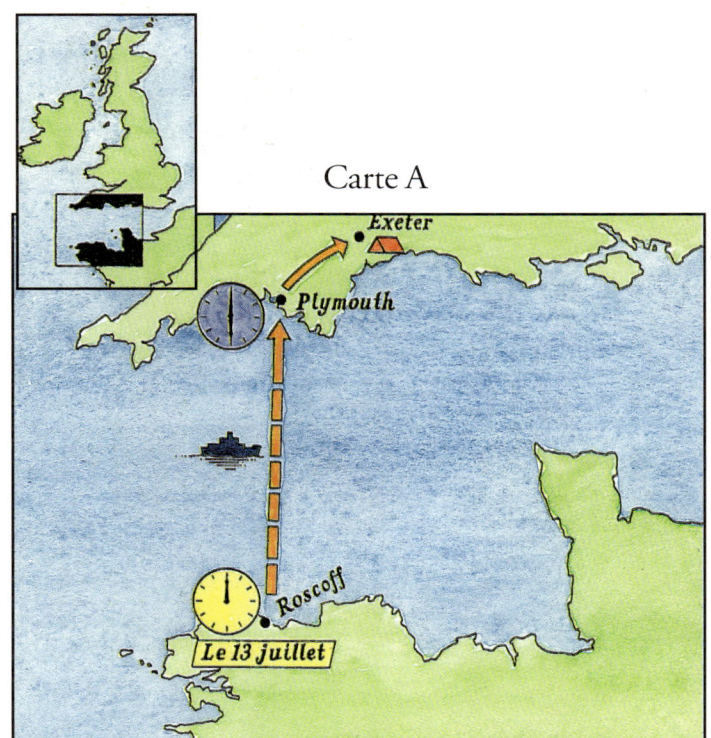

Carte A

2 Bon voyage!
Ecoute et lis.
- Nous sommes partis le 13 juillet.
- Nous sommes partis à midi.
- Nous sommes allés à Plymouth.
- Nous sommes arrivés à Plymouth à 6h du soir.
- Nous sommes allés à Exeter.
- Nous sommes restés cinq nuits dans un camping.

Carte B

3 Bon retour!
a. Ecoute et regarde la carte B.
b. Regarde la carte B et recopie les phrases dans le bon ordre.

Commence avec: Nous sommes retournés le 18 juillet.
- Nous sommes arrivés à Roscoff.
- Nous sommes allés à Plymouth.
- Nous sommes arrivés à quatre heures de l'après-midi.
- Nous sommes partis à 9 heures.

4 A toi!
Décris ton voyage.

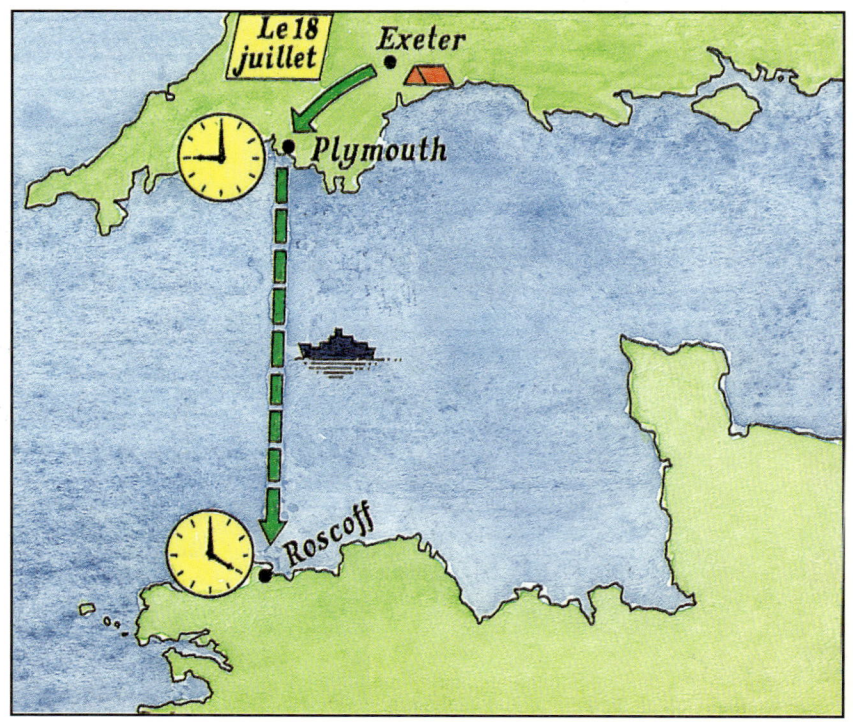

Le dictionnaire français-anglais

AGENDA
Lundi: Nous sommes allés en Angleterre. Nous sommes restés une (semaine) dans un

Comment dit-on 'semaine' en anglais?

Méthode:

1 Regarde dans ton glossaire français-anglais.

Oh, là, là! Ce n'est pas dans le glossaire!

Pas de panique! Regarde dans le dictionnaire.

2  'Semaine' c'est dans la section français-anglais.

3 Les 3 premières lettres de 'semaine' sont <u>s e m</u>… Cherche la bonne page.

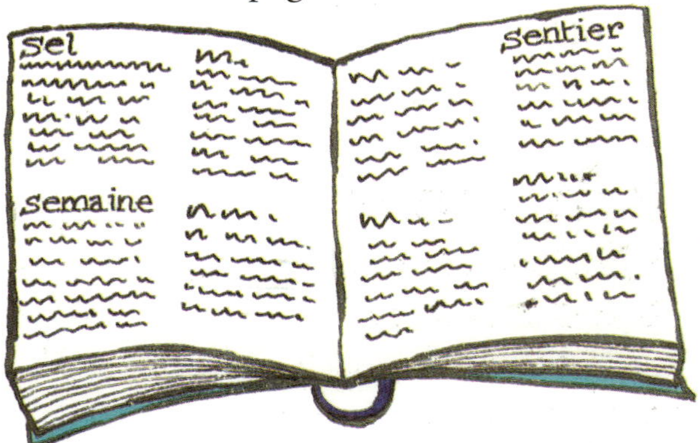

Voilà les premiers mots de la page.

Ça, c'est la bonne page!

4

semaine
n.f week: en- during the week; la- anglaise, five day week

Une semaine = a week. 'Nous sommes restés une semaine'. = 'We stayed a week.'

À toi!

C'est quoi en anglais?

(a) une quinzaine   (b) longtemps   (c) hier   **EXTRA!** avant-hier

1 La bataille d'Hastings

a Ecoute et lis.

b Cherche la bonne réponse.

1 Tu es allé où?
2 Tu es allé avec qui?
3 Vous êtes partis quand?
4 Vous êtes arrivés quand?
5 Vous êtes restés où?

a Nous sommes arrivés le 28 septembre.
b Nous sommes restés sur la plage.
c Je suis allé avec Guillaume et mes copains.
d Je suis allé à Hastings.
e Nous sommes partis le 27 septembre.

c Copie et complète les interviews.

A
Tu es allé où?
Tu es allé avec qui?
Tu ___ parti quand?
___ es resté où?

Je suis allé à Hastings.
Je ___ allé avec Guillaume et mes copains.
___ suis parti le 27 septembre.
Je ___ resté sur la plage.

B
Vous êtes arrivés quand?
___ êtes retournés quand?

Nous sommes ___ le 28 septembre.
Nous ___ retournés le 31 octobre.

d A deux.
Enregistrez les interviews!

EN CLASSE

1 Excuses!
a Ecoute et lis.

LA CLASSE D'ENFER

b Comment dit-on?

1

2

3

4

5

6

Mes activités

a 📼 Vrai ou faux?

b C'est quel numéro?
A deux

> Qu'est-ce que tu as fait?

> J'ai joué au basket, j'ai lu un magazine, j'ai bu un coca.

> Six!

- J'ai regardé la télé.
- J'ai écouté de la musique.
- J'ai mangé des frites.
- J'ai acheté une glace.
- J'ai vu un film.
- J'ai fait du vélo/une excursion.
- J'ai pris des photos.

ATTENTION!

 Je suis resté chez moi. J'ai regardé la télé.

 Je suis restée chez moi. J'ai regardé la télé.

c 🏠 A toi!
Ecris des conversations de téléphone.

L'anniversaire de Yannick

Le 18 août, c'était l'anniversaire de Yannick. Nous avons pris des photos …

Nous avons fait du bowling. J'ai gagné!

Après, nous avons mangé des sandwichs dans la cafétéria et nous avons bu du coca.

Nous avons joué au babyfoot aussi.

Puis nous avons fait de la natation et nous avons vu notre prof. C'était marrant!

Après, nous avons acheté un souvenir pour Yannick.

Le soir, nous avons regardé une vidéo et nous avons écouté les CD de Yannick. C'était super!

Comment ça se prononce?

1  Ecoute et lis.

- é

Nous sommes allés au café
Et nous avons bien mangé.
Puis nous avons regardé
Un match de foot à la télé.

2 a Ecoute et lis.
  b Ecoute, lis et répète.

Nous sommes allés	au café.	Nous sommes allés au café.
Nous avons regardé	la télé.	Nous avons regardé la télé.
Nous avons joué	avec André.	Nous avons joué avec André.
Nous avons écouté	les CD.	Nous avons écouté les CD.

c  Lis, prononce et écoute.

Qu'est-ce que <u>tu as</u> fait?

ATTENTION!

J'ai pris des photos.

J'ai fait du bowling.

J'ai gagné.

Qu'est-ce que <u>vous avez</u> fait?

Nous avons pris des photos.

Nous avons fait du bowling.

Nous avons gagné.

Carte postale.
Lis la carte postale.

le vingt août

Salut!

C'est fantastique ici en Italie. Lundi, nous avons fait une excursion à Pise. Nous avons vu la tour et j'ai pris beaucoup de photos. Hier, nous avons fait du vélo à la campagne et le soir nous avons mangé une pizza et des spaghettis! Et toi? Qu'est-ce que tu as fait en vacances? Ecris-moi bientôt!

Marie-France

P.S. J'ai acheté un petit souvenir pour toi!

Lis à haute voix.

Entre-temps ...

BON *voyage!*

Qui a découvert Amérique?
Christophe Colomb est parti d'Espagne avec trois petits navires en août 1492. Deux mois plus tard il a crié "Terre!"

Et le premier à faire le tour du monde?
En 1519 Ferdinand Magellan est parti de Séville en Espagne avec cinq navires et 250 hommes. En 1522 un navire et dix-huit hommes sont retournés en Espagne. Ils ont fait le tour du monde, une distance de 64,000 km, mais Magellan est mort pendant le voyage.

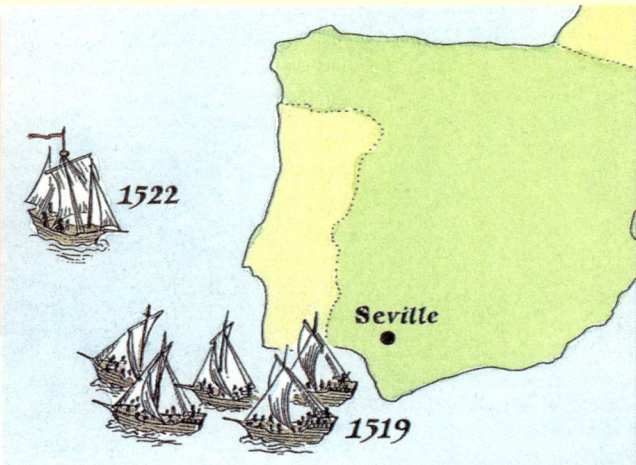

Mission spatiale.
"Je suis parti le 1 mai et je suis retourné le 17 juillet. J'ai passé combien de jours dans l'Espace?" N'oublie pas les jours de départ et d'arrivée!

Le sais-tu?
Les premiers passagers du ballon à air chaud sont partis le 19 septembre, 1783 ... ils étaient un mouton, un coq et un canard! Après un vol extraordinaire, ils sont retournés intacts sur la terre ferme.

Zadok et Zérox en Europe

A la planète extra-galactique Astéria

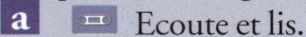 Ecoute et lis.

1. Nous sommes allés en Europe.

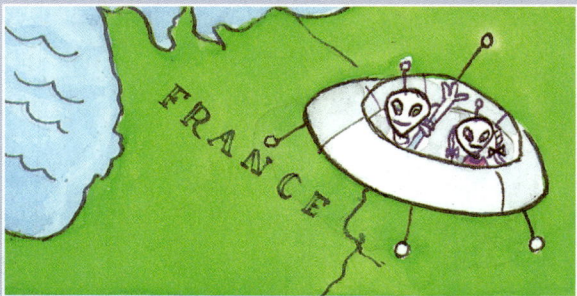

2. Nous sommes arrivés le 13 août.

3. Nous sommes allés en France. Moi, j'ai mangé un hot dog. C'était délicieux.

4. Et j'ai bu une limonade.

5. Nous sommes partis le 14 août et nous sommes allés à Londres.

6. Je suis restée une nuit dans un hôtel.

7. Et je suis allé en Grèce. J'ai fait une excursion au parc d'attractions.

8 Je suis retourné à Londres le 20 août.

9 Nous sommes partis en Suisse et nous avons vu beaucoup de piscines.

10 Puis le soir nous sommes retournés chez nous.

b 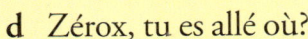 Réponds aux questions
Recopie la bonne phrase de la bande dessinée.

a Vous êtes allés où?
b Vous êtes arrivés quand?
c Qu'est-ce que vous avez fait en Suisse?

d Zérox, tu es allé où?
e Qu'est-ce que tu as fait?
f Tu es parti quand?

g Zadok, tu es restée longtemps à Londres?

Porte ouverte!

Interview avec deux extra-terrestres.

N'oublie pas:
Tu es allé où? Je suis allé(e) ...
Qu'est-ce que tu as fait? J'ai ...

- Prépare une liste de questions (voir pages 7, 13, 18, 21 et la fiche 5)
- Prépare les réponses (voir page 13 et la fiche 2, la fiche 8, la fiche 9)
- A trois. Interviewe tes partenaires extra-terrestres

Sommaire

Talking about recent visits to countries

Je suis allé(e)	en Espagne.
Nous sommes allé(e)s	en Espagne.
	en France.
	en Irlande.
	au Pays de Galles.

I went	to Spain
We went	to Spain
	to France
	to Ireland
	to Wales

Talking about places visited

Je suis allé(e)	au parc d'attractions.
	au centre sportif.
Nous sommes allé(e)s	à la plage.
	à la campagne.
	chez des copains.

I went	to the theme park.
I went	to the sports centre.
We went	to the beach.
We went	into the countryside.
We went	to our friends' house.

22 vingt-deux

Saying I stayed at home

| Je suis resté(e) chez moi. | I stayed at home. |

Talking about a recent journey

Je suis parti(e)	à midi.
Nous sommes parti(e)s	
Je suis arrivé(e)	à 6h du soir.
Nous sommes arrivé(e)s	
Je suis retourné(e)	le 13 juillet.
Nous sommes retourné(e)s	

I left	at midday.
We left	
I arrived	at 6 p.m.
We arrived	
I returned	on 13th July.
We returned	

Asking questions about recent holidays

Tu es allé(e) où?
Tu es parti(e) quand?
Vous êtes allé(e)s où?
Vous êtes parti(e)s quand?

Where did you go?
When did you leave?
Where did you go?
When did you leave?

Talking about recent activities

J'ai	joué au foot.
Nous avons	regardé la télé.
	fait du vélo.
	vu un film.
	pris des photos.

I	played football.
We	watched the TV.
	went cycling.
	saw a film.
	took some photos.

Asking questions about recent activities

Qu'est-ce que tu as fait?
Qu'est-ce que vous avez fait?

What did you do?
What did you do?

2 Quel dommage!

1 Ça ne va pas!

1 J'ai mal…
Ecoute – c'est vrai ou faux?

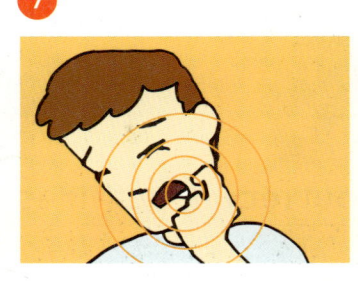

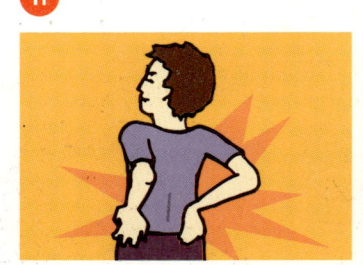

2 Oh, les pauvres!

a 🔊 Ecoute et regarde les images à la page 24. C'est quel numéro?

Mme Serre — J'ai mal à la jambe et mal au pied.

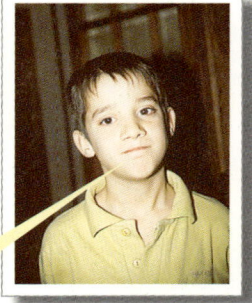
Edouard — J'ai mal à la tête et mal à la gorge.

Sandrine — J'ai mal aux dents et mal aux yeux.

M. Brice — J'ai mal à l'oreille et mal au nez.

Yannick — J'ai mal au dos.

Mme Lacroix — J'ai mal à l'œil.

b Qui parle?

— J'ai mal au dos. Qui parle?
— Yannick.
— Oui.
— J'ai ...

3 Qu'est-ce que tu as?

🔊 Ecoute et lis.

– Ça va?
– Non, ça ne va pas!
– Qu'est-ce que tu as?
– J'ai mal à la tête et mal à la gorge. Je suis enrhumé. Et toi?
– J'ai mal à la tête, mal à la gorge, mal aux yeux, mal au nez et mal au dos. J'ai la grippe.
– BOU HOU HOU!
– Et moi, j'ai mal à l'oreille!

1 Pourquoi?

a 🔊 Ecoute et regarde les images.

Exemple:

J'ai mal au bras. J'ai joué au tennis.

J'ai mal aux yeux. J'ai mal au dos. J'ai mal au ventre. J'ai mal au bras. J'ai mal à la jambe.	Pourquoi?	J'ai fait du vélo. J'ai joué au tennis. J'ai bu 3 cocas. J'ai joué avec l'ordinateur. J'ai fait du patin à glace.

b A deux.

— Qu'est-ce que tu as?
— J'ai mal à la jambe.
— Pourquoi?
— J'ai joué au foot.

2 Stade 48

Jeu pour 2 à 6 joueurs.
Suivez la piste pour aller au stade.

Jetez un six.

Lisez à haute voix.

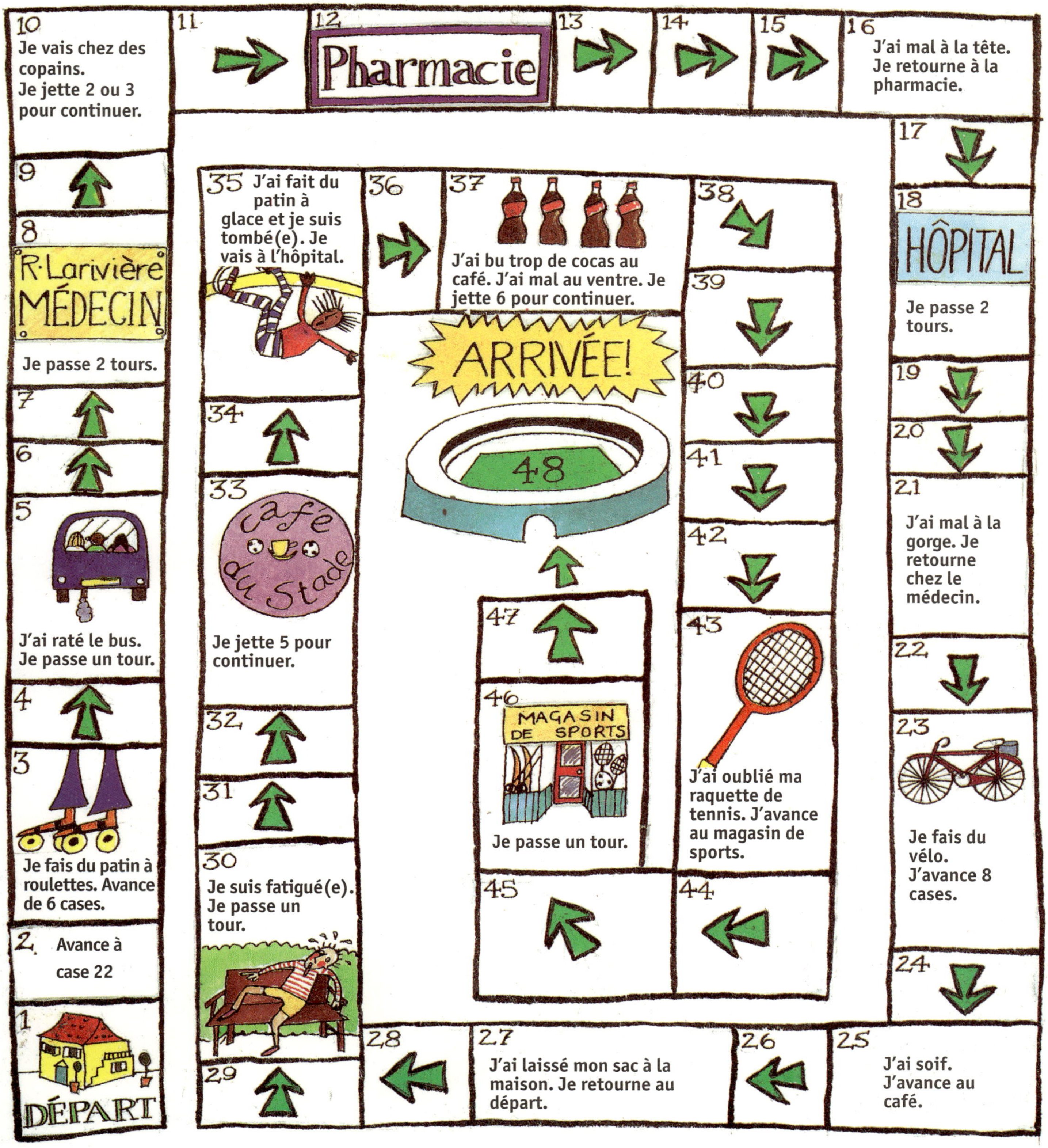

10 Je vais chez des copains. Je jette 2 ou 3 pour continuer.
11 →
12 Pharmacie
13 →
14 →
15 →
16 J'ai mal à la tête. Je retourne à la pharmacie.
17 ↓
18 HÔPITAL — Je passe 2 tours.
19 ↓
20 ↓
21 J'ai mal à la gorge. Je retourne chez le médecin.
22 ↓
23 Je fais du vélo. J'avance 8 cases.
24 ↓
25 J'ai soif. J'avance au café.
26 ←
27 J'ai laissé mon sac à la maison. Je retourne au départ.
28 ←
29 ↑
30 Je suis fatigué(e). Je passe un tour.
31 ↑
32 ↑
33 Café du Stade — Je jette 5 pour continuer.
34 ↑
35 J'ai fait du patin à glace et je suis tombé(e). Je vais à l'hôpital.
36 →
37 J'ai bu trop de cocas au café. J'ai mal au ventre. Je jette 6 pour continuer.
38 ↓
39 ↓
40 ↓
41 ↓
42 ↓
43 J'ai oublié ma raquette de tennis. J'avance au magasin de sports.
44 ←
45 ↑
46 MAGASIN DE SPORTS — Je passe un tour.
47 ↑
ARRIVÉE! 48
9 ↑
8 R. Larivière MÉDECIN — Je passe 2 tours.
7 ↑
6 ↑
5 J'ai raté le bus. Je passe un tour.
4 ↑
3 Je fais du patin à roulettes. Avance de 6 cases.
2 Avance à case 22.
1 DÉPART

1 Aïe! Ça ne va pas!

 Ecoute, lis et apprends par cœur.

Aïe! Ça ne va pas!

1 Lève-toi, Louis!
Il est huit heures et demie.
Aujourd'hui
C'est la géographie.

2 Pas de collège!
J'ai mangé trop de salade.
J'ai mal au ventre.
Je suis très malade.

Refrain
Aïe! Ça ne va pas!
Aïe! Ça ne va pas!

3 Lève-toi, Louis!
Il est huit heures et demie.
Cet après-midi
C'est l'histoire et la chimie.

4 Pas de collège!
Je suis enrhumé.
J'ai mal à la tête!
A la gorge! Au nez!

Refrain

5 Louis! Quel dommage
Que tu as la grippe.
C'était formidable
La boum de Philippe.

6 Pas de collège!
Je veux rester au lit!
J'ai oublié
La surprise-partie!

Refrain

2 Ça va?

A deux.

Ecoutez et lisez. Qu'est-ce que tu as? Choisis!

A: Salut, ça va?
B: Non, ça ne va pas.
A: Qu'est-ce que tu as?
B: J'ai mal au ventre.
A: Pourquoi?
B: J'ai mangé trois glaces.
A: Oh, là, là!

3 Ça va mal!

a 🎧 Ecoute et lis.

b Comment dit-on?

2 Je ne peux pas!

1 Tu veux?
Ecoute – c'est quelle image?

2 Non!
A deux: faites des dialogues.

– Tu veux jouer aux cartes ce soir?
– Ce soir? Non.
– Ce week-end?
– Ce week-end? Oui.

ce soir   ce matin   cet après-midi   à sept heures   jeudi soir   dimanche matin

samedi   à six heures   lundi   ce week-end   vendredi   mardi matin

3 Invitations

Lis puis écris les invitations 2 à 4.
Exemple:

ATTENTION!

Tu veux … jouer.
aller.
regarder.
faire.

Extra!

Ecris d'autres invitations.
Sers-toi des images et des textes à la page 30.

4 Tant pis!

Ecoute et lis.
Sers-toi du glossaire.

trente et un 31

1 Je veux bien mais …

🔊 Regarde les images et écoute.
Qui parle?
Exemple: 1 = Séverine, Marc ou Frédéric?

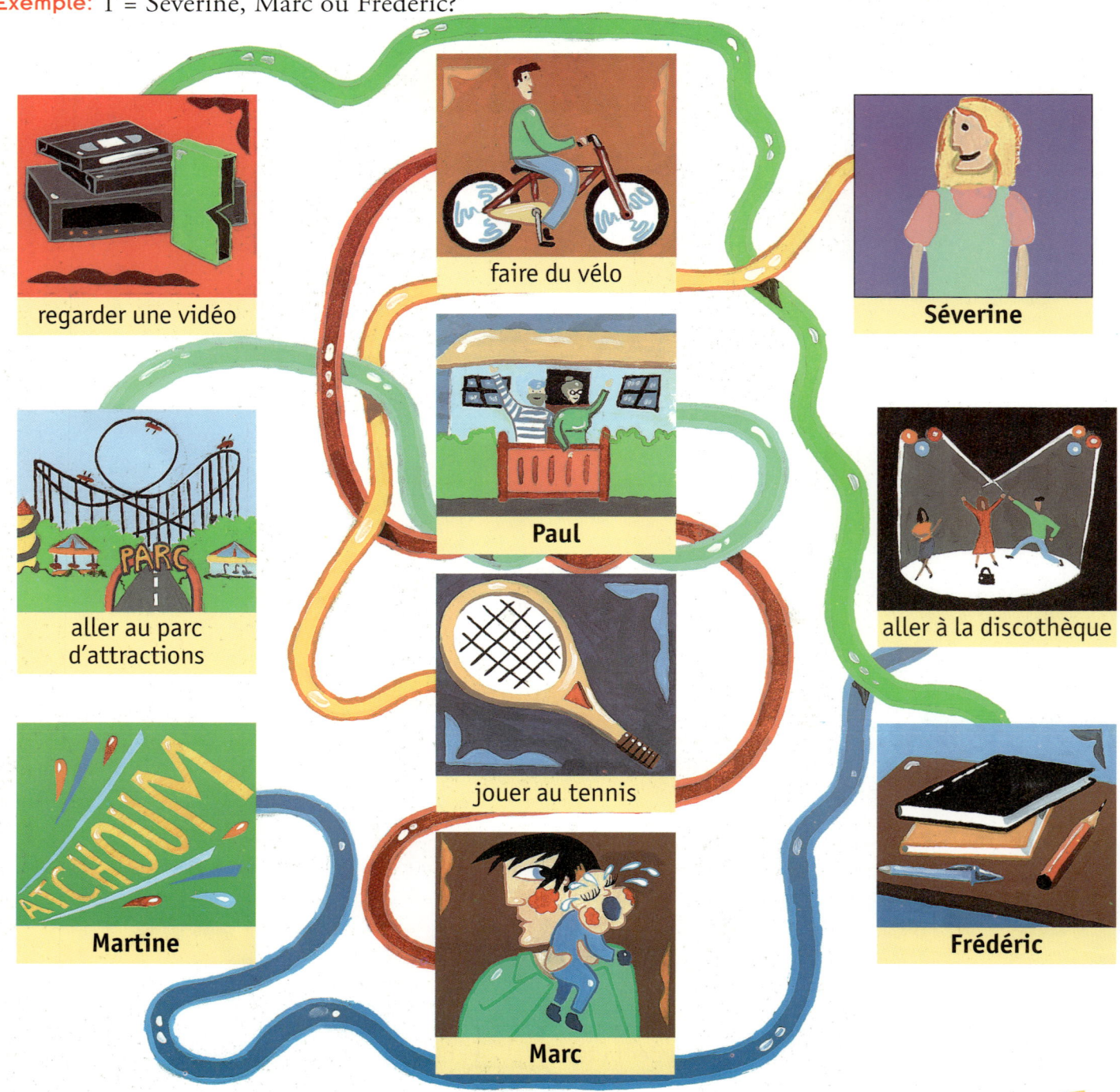

2 Jeu de rôle.

Exemple: Tu veux jouer au tennis?
Je veux bien mais j'ai mal au dos. Tu veux …

J'ai mal au dos.
Je fais du babysitting.
Je fais mes devoirs.
Je suis enrhumé(e).
Je vais chez mes grands-parents.

3 Désolés!

Ecoute et lis.

Nous les copains

3 Dis donc!

Je ne sais pas!

a 📼 Regarde, lis et écoute.

Dis donc – Sandrine sort avec Yannick?

Sandrine et Yannick? Je ne sais pas. Pourquoi?

1

Elle est allée à la campagne mercredi.

2

Et Yannick aussi, il est allé à la campagne.

3

Jeudi, elle a fait du cheval. Et Yannick?

4

Il a fait du canoë-kayak.

5

Vendredi, elle est allée à la rivière.

6

Vendredi, il est allé à la pêche.

7 Samedi, elle a fait du sport.

8 Il a joué au tennis.

9 Dimanche, elle est allée au parc d'attractions.

10 Yannick aussi – il est allé au parc d'attractions … avec ses parents.

b Vrai ou faux?

Yannick
1 Mercredi, Yannick est allé en ville.
2 Il a fait du cheval.
3 Il est allé à la pêche vendredi.
4 Il a joué au tennis jeudi.
5 Il est allé au parc d'attractions avec Sandrine.

Sandrine
6 Elle a fait du sport samedi.
7 Elle est allée à la pêche vendredi.
8 Elle a fait du cheval.
9 Elle est allée au parc d'attractions dimanche.
10 Mercredi, elle est allée au lac.

c Recopie et fais des phrases correctes.

Exemple: Mercredi, elle est allée à la campagne.

1 Mercredi, elle est
2 Vendredi, il
3 Samedi, il a
4 Jeudi, il
5 Dimanche, elle
6 Jeudi, elle
7 Dimanche, il est allé

a joué au tennis.
b allée à la campagne.
c est allée au parc d'attractions.
d est allé à la pêche.
e a fait du canoë-kayak.
f au parc d'attractions.
g a fait du cheval.

Il	est	all**é**	au parc d'attractions.
Elle	est	all**ée**	à la campagne.

ATTENTION!

Il	a	fait du cheval.
Elle	a	joué au tennis.

d A deux.
Jouez les rôles de Claire et Louise.

e Changez les détails.
Exemple: A: Elle est allée en ville mercredi. Et Yannick?
B: Yannick aussi! Il est allé en ville.

Entre-temps ...

Aïe!

1 — Regarde maman
Je fais du vélo sans les mains.

2 — Regarde maman.
Je fais du vélo sans les pieds.

3

4 — Regarde maman.
Je fais du vélo sans les dents.

Petit Chaperon Rouge

— Tu as de gros yeux, grand-mère.

— ... et tes oreilles!

— ... et tes dents!

— Mange ta soupe!

A pleines dents ...

Le requin a cinq rangées de dents pointues comme des rasoirs.

Le crocodile peut porter ses œufs sans les casser.

Les défenses de l'éléphant sont des dents. Elles pèsent jusqu'à 100 Kg.

Comment ça se prononce?

a 📼 Ecoute et lis.

Ça ne va pas, quoi!

-a
-as
-à

- oi
- oid
- oigt

Ça va?

– Ça va?
– Non, ça ne va pas.
– Qu'est-ce que tu as?
– Mal au bras.
– Oh, là, là!

– Et toi?
– Moi?
  J'ai froid.
  Et j'ai mal au doigt.

b 📼 Ecoute et lis.

c 📼 Ecoute, lis et répète.

Ça va?	Non, ça ne va pas.	Ça va? Non, ça ne vas pas.
Qu'est-ce que tu as?	Mal au bras.	Qu'est-ce que tu as? Mal au bras.
Et toi?	Moi?	Et toi? Moi?
J'ai froid	et j'ai mal au doigt.	J'ai froid et j'ai mal au doigt.

d Lis et prononce.

1. Papa
2. Chocolat
3. Chat
4. Oh, là, là.
5. Voilà

e Copie et complète.

AIDE-MEMOIRE

et t _ ?
m _ ?
fr _
mal au d _
ça v _ ?
qu'est-ce que tu _ ?
Voil _ !
Oh, l _ , l _ !

-a
-à
-as
-oi
-oid
-oigt

trente-sept 37

1 Vol de banque!

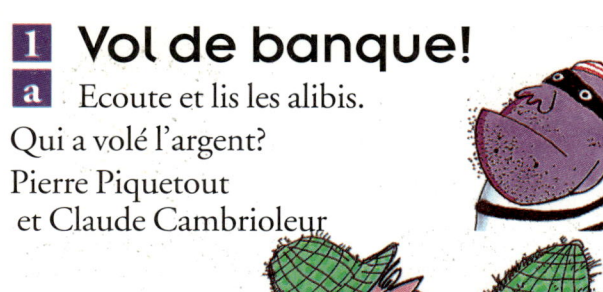

a Ecoute et lis les alibis.
Qui a volé l'argent?
Pierre Piquetout et Claude Cambrioleur 
ou Valérie Vilaine et Marie Moche?

Aide les détectives!

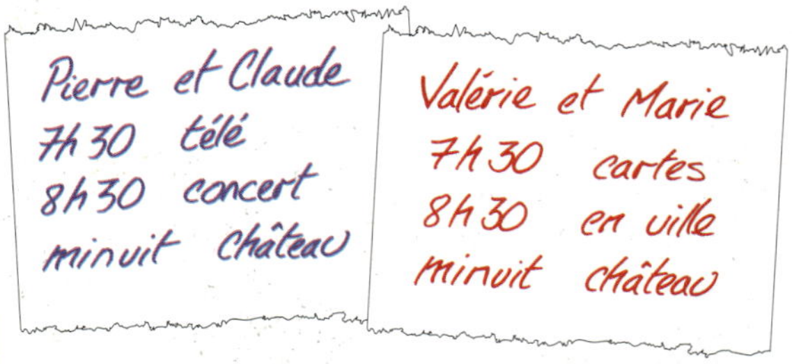

Pierre et Claude
7h30 télé
8h30 concert
minuit château

Valérie et Marie
7h30 cartes
8h30 en ville
minuit château

A sept heures et demie

| Ils ont regardé la télé. | Elles ont joué aux cartes. | Ils sont partis pour le concert. |

| Elles sont arrivées en ville. | | Ils sont allés au château. |

b Réponds aux questions des détectives.
Choisis le bon texte.
1 Pierre et Claude, qu'est-ce qu'ils ont fait à 7h30?
2 Et à 8h30?
3 Valérie et Marie, qu'est-ce qu'elles ont fait à 7h30?
4 Et à 8h30?
5 Pierre, Valérie, Marie et Claude, où sont-ils allés à minuit?

c A deux.
Jouez les rôles des détectives.

— Pierre et Claude, qu'est-ce qu'ils ont fait l'après-midi?
— Ils ont regardé la télé.
— Et Valérie et Marie?
— Elles ont ...

d Changez les alibis de Pierre et Claude et Valérie et Marie.

ATTENTION!

Ils sont all**és** en ville.

Elles sont arriv**ées** à minuit.

Ils ont regard**é** la télé.

Elles ont regard**é** la télé.

2 Bref

a 🎧 Ecoute et lis.
Simon Silencieux et Bernard Bavard donnent des interviews à la télé.

Simon Silencieux   Bernard Bavard

1. — Ça va, Simon? — Bof!
2. — Et … ? — J'ai mal à la tête…
3. — …mal à la gorge, — Et … ?
4. — Pourquoi? — J'ai fait un concert, mais …
5. — Mais? — … mais ça va.
6. — Ah, merci, Simon Silencieux.
7. — Salut Bernard, ça va? — Salut! Bof, j'ai mal à la tête et mal à la gorge parce que j'ai fait un concert mais … ça va. Et toi?

b A deux
Jouez les rôles. Changez les détails.

c Lis les notes du journaliste.

- Bernard est allé en ville à 3 heures.
- Il est allé à la piscine.
- Il est allé au café.
- Il est retourné à l'hôtel à 5 heures.
- Il a regardé la télé à l'hôtel.
- Bernard et Simon ont fait le concert à 8 heures.
- Ils sont arrivés au studio à 11 heures.
- Ils ont donné une interview à la télé.

Et voilà son article.

> Bernard est allé en ville à 3 heures. Il est allé à la piscine <u>puis</u> il est allé au café <u>mais</u> il est retourné à l'hôtel <u>où</u> il a regardé la télé. Bernard et Simon ont fait le concert à 8 heures <u>puis</u> ils sont arrivés au studio <u>et</u> ils ont donné une interview à la télé.

Lis les notes encore.
Ecris un article sur Simon Silencieux.

- Simon est resté à l'hôtel.
- Il a bu un café.
- Il a lu un magazine.
- Il a regardé la télé.
- A 6 heures il est allé au restaurant.
- Il a fait le concert avec Bernard.
- Ils ont fait les interviews à la télé.

Cendrillon et les deux vilaines.

a Ecoute et lis.

1 — Tu veux aller à la discothèque, Cendrillon?
— Désolée, je ne peux pas.

Voilà Agathe et Cécile. Elles ont invité Cendrillon à la discothèque.

2 — Ça va?
— Aïe. Ne crie pas. J'ai mal à la tête.
— Arrête. J'ai mal à l'oreille.

Elles sont allées à la discothèque et sont retournées à la maison à minuit. Mais quelle malchance.

3 — Tu veux faire du cheval, Cendrillon?
— Je veux bien mais …

Elles ont invité Cendrillon à faire du cheval à la campagne.

4 — Oh, là, là!
— Oh, j'ai mal au dos!
— Mal au dos! Moi, j'ai mal partout!!

Elles ont fait du cheval mais elles sont tombées dans le lac … Quel désastre!

5 — Tu veux une glace, Cendrillon?
— Non, merci.

Elles ont mangé une glace mais …

6 *Invitation au grand bal du Prince Charmant*
— Tu veux aller au grand bal, Agathe?
— Ah, non, je ne peux pas! J'ai mal au ventre.

… Quelle malchance! Et le Prince Charmant a invité les trois sœurs au bal.

40 quarante

7
— Et toi, Cécile?
— Ah non, je n'ai pas envie.

Elles <u>ont refusé</u> l'invitation.

8
— Tant pis!

Mais Cendrillon <u>est allée</u> au bal avec le Prince Charmant. Ils <u>ont dansé</u> toute la nuit. Quelle chance!

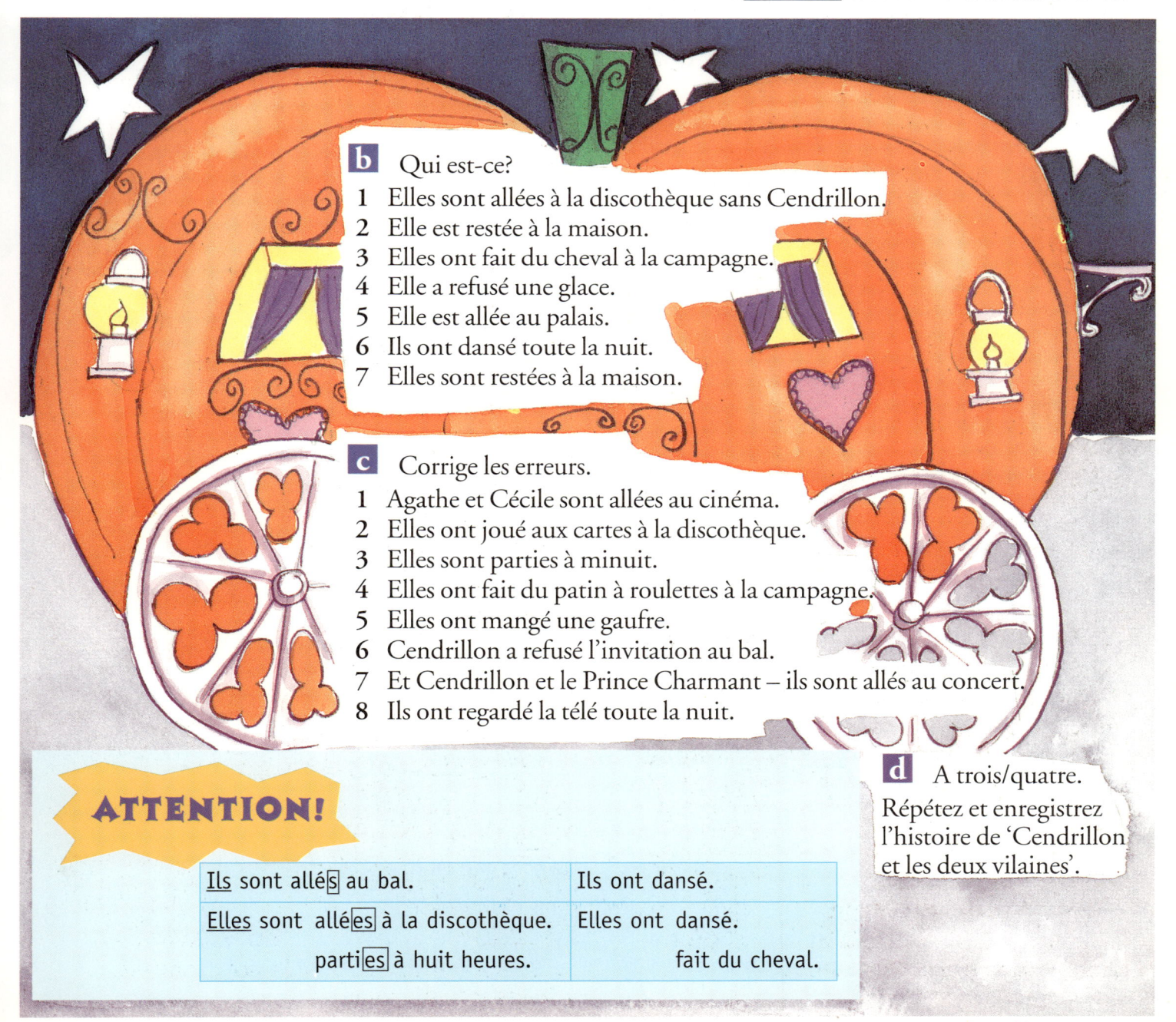

b Qui est-ce?
1. Elles sont allées à la discothèque sans Cendrillon.
2. Elle est restée à la maison.
3. Elles ont fait du cheval à la campagne.
4. Elle a refusé une glace.
5. Elle est allée au palais.
6. Ils ont dansé toute la nuit.
7. Elles sont restées à la maison.

c Corrige les erreurs.
1. Agathe et Cécile sont allées au cinéma.
2. Elles ont joué aux cartes à la discothèque.
3. Elles sont parties à minuit.
4. Elles ont fait du patin à roulettes à la campagne.
5. Elles ont mangé une gaufre.
6. Cendrillon a refusé l'invitation au bal.
7. Et Cendrillon et le Prince Charmant – ils sont allés au concert.
8. Ils ont regardé la télé toute la nuit.

d A trois/quatre. Répétez et enregistrez l'histoire de 'Cendrillon et les deux vilaines'.

ATTENTION!

<u>Ils</u> sont allé<u>s</u> au bal.	Ils ont dansé.
<u>Elles</u> sont allé<u>es</u> à la discothèque.	Elles ont dansé.
parti<u>es</u> à huit heures.	fait du cheval.

quarante et un 41

Porte ouverte!

A quatre (3 personnages et 1 narrateur)
Récrivez et enregistrez l'histoire de Cendrillon.
- Changez les détails (Elles sont allées à la piscine …)
- Changez les dialogues (tu veux …)
- Ecrivez les textes.

ou

Inventez une autre histoire.
(voir les pages 40 et 41)

Sommaire

Talking about feeling unwell.

Ça ne va pas.	
J'ai mal	au bras.
	à l'œil.
	à la tête.
	à l'oreille.
J'ai la grippe.	
Je suis enrhumé(e).	

I'm not feeling well.	
I've got	a sore arm.
	a sore eye.
	a headache.
	earache.
I've got flu.	
I've got a cold.	

Asking what is wrong.

Qu'est-ce que tu as?
Ça va?
Ça ne va pas?

What's the matter?
Are you all right?
Is anything wrong?

Suggesting what to do and when.

Tu veux	jouer	aux cartes cet après-midi?
	regarder	la télé ce soir?
	faire	une promenade samedi?
	aller	à la plage ce week-end?

page 30 16

Do you want to	play	cards this afternoon?
	watch	TV this evening?
	go	for a walk on Saturday?
	go	to the beach this weekend?

Saying no, apologising and giving reasons.

Bof … non.
Pas tellement.
Je n'ai pas envie.
Désolé(e), je ne peux pas.
Je veux bien, mais …
Je vais chez mes grands-parents.

Well … no.
Not much./Not really.
I don't fancy it.
Sorry, I can't.
I'd like to but …
I'm going to my grandparents' house.

Saying it's a pity, never mind.

Tant pis!
C'est dommage!

Never mind./Tough!
It's a pity!

Saying what others have done recently.

Il	a	regardé une vidéo.
Elle		fait une promenade.
Il	est	allé en ville.
Elle		allée au bal.
Ils	ont	joué avec l'ordinateur.
Elles		dansé toute la nuit.
Ils	sont	allés au studio.
Elles		restées à la maison.

He	watched a video.
She	went for a walk.
He	went into town.
She	went to the ball.
They	played on the computer.
	danced all night.
They	went to the studio.
	stayed at home.

quarante-trois

3 Là où j'habite

1 Tu habites où?

2 Qu'est-ce qu'il y a?

3 Pardon monsieur …
Pardon madame …

EN CLASSE

porte ouverte

1 Tu habites où?

1 C'est un village, c'est une ville?

a Ecoute et regarde les images.
b Ecoute et lis.

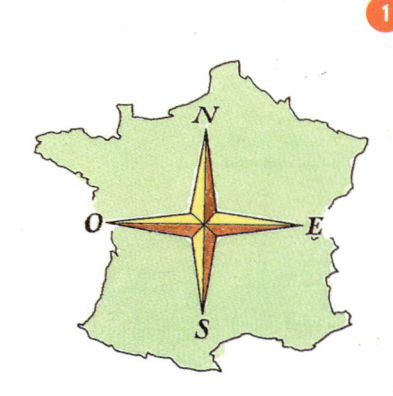

1 J'habite à Tourgeville. C'est un village dans le nord de la France près de Rouen.

2 J'habite à Marseille. C'est une ville dans le sud de la France.

3 J'habite à la Rochelle. C'est une ville dans l'ouest de la France.

4 J'habite à Combloux. C'est un village dans l'est de la France près de Chamonix.

44 quarante-quatre

2 Radio Jeunes. J'habite à …

a 🎧 Ecoute et lis.
Qui parle?
Exemple: 1 = Olivier

Tu habites où?

J'habite à Albi. C'est une ville dans le sud de la France.
Olivier

J'habite à St. Colombier. C'est un village dans le nord-ouest de la France près de Vannes.
Jacques

J'habite à Briançon. C'est une ville dans le sud-est de la France.
Christine

J'habite à Beaumont. C'est un village dans le centre de la France près de Montluçon.
Françoise

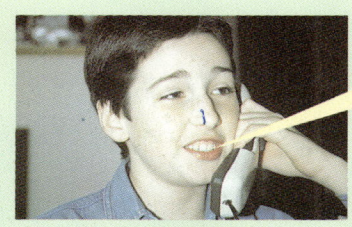

J'habite à Etain. C'est dans le nord-est de la France.
Jean

b 🎧 Ecoute et regarde la carte.
C'est quelle lettre?
Exemple: 1 = D

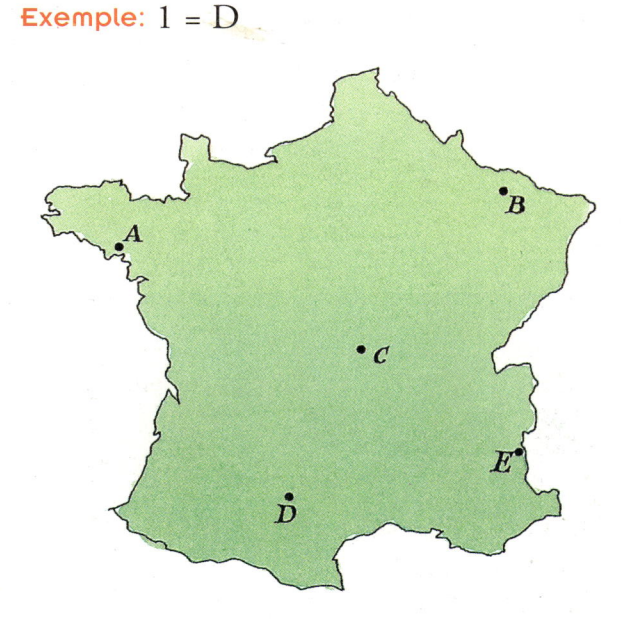

c A deux.
Exemple:

Olivier, tu habites où?

J'habite à Albi. C'est une ville dans le sud de la France.

3 🎧 Radio Jeunes. Quiz

Première question.

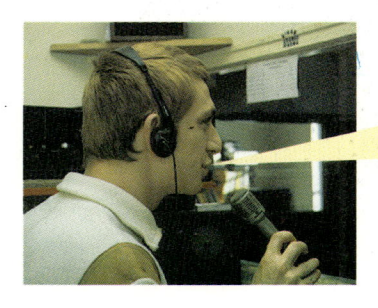

Première question. Albi, c'est
A) ?
B) ?
C) ?

1 Au studio – Radio Jeunes

a Écoute et lis. C'est comment?

1. C'est une ville moderne. C'est une grande ville.
2. C'est un vieux village. C'est un village propre.
3. C'est une grande ville sale.
4. C'est une jolie ville touristique.
5. C'est un petit village tranquille.
6. C'est une vieille ville intéressante. C'est une jolie ville.

b Relie le bon numéro et l'image.

c À deux.

— D
— C'est une grande ville sale.

RAPPEL

(m)	(f)
petit	petite
vieux	vieille
	etc

mais

tranquille	tranquille
	etc

ATTENTION!

un <u>petit</u> village <u>tranquille</u>
une <u>jolie</u> ville <u>touristique</u>

quarante-six

2 Photos de la France

Décris ces photos.

Exemple:
C'est une jolie ville touristique.
C'est au bord de la mer.
C'est dans le sud de la France.

3 Radio Jeunes. Quiz

Deuxième question.

C'est au bord de la mer. C'est une grande ville. C'est dans le nord.
Alors
a) Paris?
b) Nice?
c) Calais?

1 Tu aimes habiter à … ?

Ecoute et lis.

- Tu habites à Albi?
- Non, j'habite à Paris.

- Tu aimes habiter à Albi?
- Oui, j'aime habiter ici. C'est super!

- Tu aimes Albi?
- Non. Pas tellement. C'est trop tranquille et très ennuyeux.

- Moi, j'adore habiter ici!
- Oui, c'est très intéressant …

… mais trop touristique!

2 Pourquoi?

a Ecoute et lis.
b Ecoute, lis et prononce.

Rouen

J'aime habiter à Rouen.
Pourquoi?
C'est très vieux et c'est très grand.

La Brique

Je n'aime pas habiter à La Brique.
Pourquoi?
Oh, là, là. C'est trop touristique.

Witry

J'aime bien habiter à Witry.
Pourquoi?
C'est assez propre. C'est assez petit.

3 Fais ton poème.

… Caen
Pourquoi?
… grand.

… Albi.
… ?
… petit.

… Bayeux.
… ?
… vieux.

4 Les opinions

Ecoute et note les détails.

Exemple:

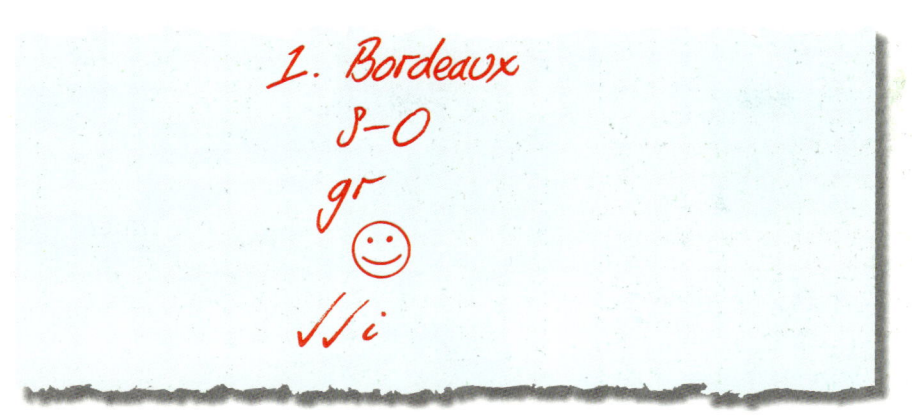

1. Bordeaux
   S-O
   gr
   ☺
   ✓✓i

5 Une conversation

a Lis la conversation avec un/une partenaire.

– Tu habites où?
– J'habite à <u>Albi</u> dans <u>le sud de la France</u> près de <u>Toulouse</u>.
– C'est comment?
– C'est <u>une petite ville</u>.
– Tu aimes habiter à <u>Albi</u>?
– Mais oui, j'aime habiter à <u>Albi</u>.
– Pourquoi?
– C'est <u>assez joli</u> et c'est <u>très intéressant</u>.

b A deux.
Change les détails.
Exemple: Albi → Calais

6 En 5ème

a Résultats du sondage.

trop tranquille ||||
très joli ||||
très intéressant |||

– 19 personnes aiment habiter à Albi.
– 8 personnes aiment bien habiter à Albi.
– 3 personnes n'aiment pas habiter à Albi.

3 opinions fréquentes
– Pour 4 personnes, c'est trop tranquille.
– Pour 4 personnes, c'est très joli.
– Pour 3 personnes, c'est très intéressant.

b Et les opinions de tes copains?

2 Qu'est-ce qu'il y a?

1 Dans ma ville/mon village

a Qui parle?

Exemple: 1 = Colette

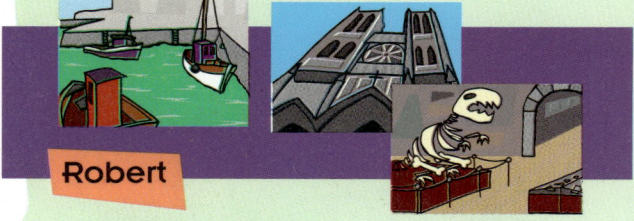

Nadia

Assane

Robert

Valérie

Rachid

Colette

b A deux.

Exemple:

Nadia. Qu'est-ce qu'il y a dans ta ville?

Il y a l'église, la forêt et la rivière.

Silence!
- t
- d

- te
- de

2 Comment ça se prononce?

a Ecoute et lis.

b Ecoute, lis et répète.

ALERTE!

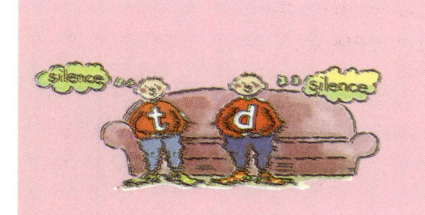

'port, petit, grand et vert'
Ça se prononce? Non! Ça, c'est clair.

'porte, petite, grande et verte'
Pourquoi ça change? C'est 'e'. Alerte!

c Lis et prononce.

1 forêt
2 stade
3 regarde
4 Robert
5 à droite
6 tout droit
7 Bernard
8 sport

50 cinquante

Le dictionnaire anglais – français

Dans ma ville il y a le stade, la piscine, le cinéma et...

theatre?

Comment dit-on 'theatre' en français?

Méthode:

1 Regarde dans ton glossaire anglais – français.

Zut! 'Theatre' n'est pas là.

Regarde dans ton dictionnaire

2

'theatre', c'est dans la section anglais – français.

3 Les 3 premières lettres de 'theatre' sont – t h e

4 *Ça c'est la bonne page!*

thatched   **thermometer**

theatre : (théâtre) n (m)
also lecture ~ amphithéâtre
operating ~ salle d'opération

theatre : (théâtre) n (m)
also lecture ~ amphithéâtre
operating ~ salle d'opération.

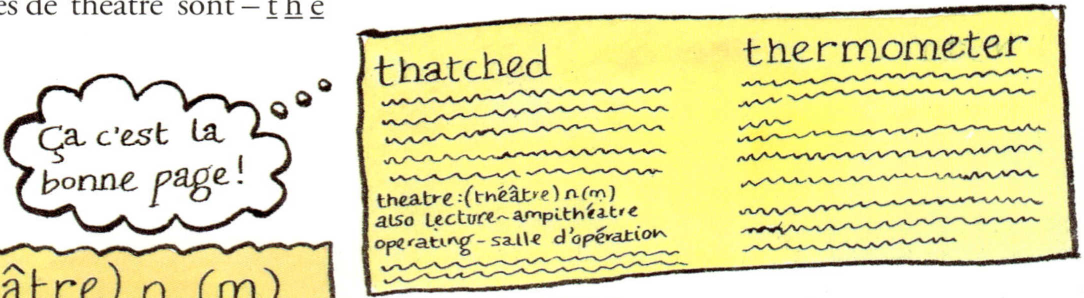

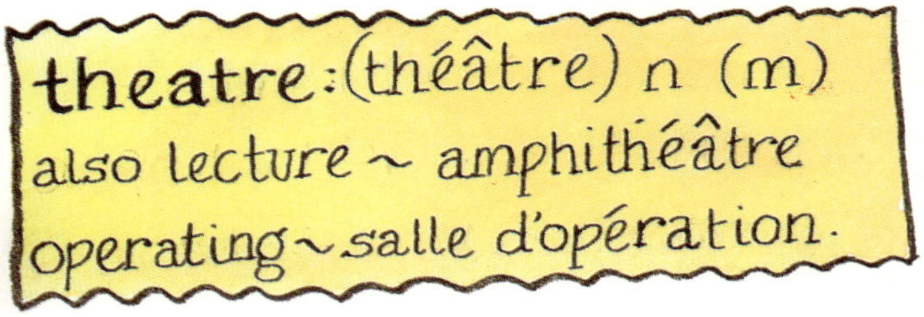

C'est le bon mot. Mais 'théâtre' (m)? Pas de problème.
(m) = un/le   (f) = une/la

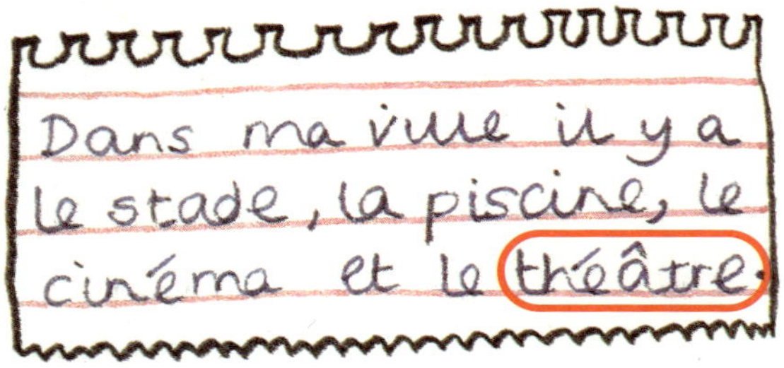

Dans ma ville il y a le stade, la piscine, le cinéma et le théâtre.

A toi!
C'est quoi en français?   a library
C'est (m) ou (f)?   b canal
C'est 'le' ou 'la'?   c town hall
   d factory

Tu aimes … / Vous aimez …

a 🔊 Ecoute et lis.

… Bienvenue!

Merci madame. Qu'est-ce qu'il y a ici?

Il y a la plage. Tu aimes aller à la plage?

Oui, j'adore aller à la plage.

Vous aimez aller au cinéma, au musée, aux magasins?

Oui, bien sûr!

Il y a la forêt. Tu aimes aller à la forêt?

Oui, c'est chouette!

Merci madame. Au revoir!

C'est super ici!

Moi, je n'aime pas habiter ici!

b Complète les phrases.

J'adore • Je déteste • Je préfère • J'aime • J'aime bien • Je n'aime pas

a ... aller au cinéma.
b ... aller à la piscine.
c ... aller au stade.
d ... aller au musée.
e ... aller aux magasins.
f ... aller au collège.
g ... aller à l'église.

c Mets dans l'ordre de préférence.

1 Je préfère aller aux magasins.
2 J'adore aller au cinéma.
3 J'aime aller...

ATTENTION!

Tu aimes aller au cinéma? (m)
         à la piscine? (f)
         à l' église? (-a, -e, -i, -o, -u, -h)
         aux magasins? (pl)

d Ecoute et lis. Il n'y a pas de grand amour à Mocheville.

1
J'habite une ville très sympa,
Il y a un bar, un cinéma,
Mais je préfère rester chez moi,
Car il n'y a pas de grand amour à Mocheville

Refrain
Ma ville est grande, mais pas jolie.
Il y a beaucoup à faire ici.
Assez moderne, assez tranquille,
Mais il n'y a pas de grand amour à Mocheville.

2
Il y a un stade et un musée,
Une piscine et un marché,
Il y a un port et une forêt,
Mais il n'y a pas de grand amour à Mocheville.

Refrain

3
J'aime bien aller aux magasins,
J'adore le ski et le patin,
Mais je reste chez moi, avec mon chien,
Car il n'y a pas de grand amour à Mocheville.

Refrain

1 Tu aimes aller où?

a Ecoute et lis.

Norman Négatif

Bienvenue ici!
stade
forêt
piscine

– Je déteste habiter ici!
– Je n'aime pas aller au stade!
– Je déteste aller à la forêt!
– Je n'aime pas aller à la piscine!

Pauline Positive

Bienvenue ici!
marché
plage
ville

– J'adore habiter ici!
– J'aime aller au marché!
– J'aime bien aller en ville!
– J'adore aller à la plage!

b Lis la carte postale de Mustafa.

J'aime habiter ici à Tunis. C'est une grande ville en Tunisie. J'adore aller au port. Le soir j'aime aller en ville avec mes copains. J'aime aller à la piscine aussi. Il fait chaud à Tunis. J'aime bien aller à la mosquée avec mon père.
Et toi? Tu aimes ta ville?
Ecris-moi,
Mustafa

c Réponds à la carte postale de Mustafa.

2 Poster: J'aime habiter ici.

Ecoute et lis.

J'aime habiter ici!

J'aime aller en ville. Il y a le musée, la vieille ville et, bien sûr, les magasins.

J'habite à Genève en Suisse. C'est une grande ville. C'est vieux! C'est joli et c'est très propre.

J'aime aller au lac. C'est super!

J'AIME HABITER ICI À GENÈVE!

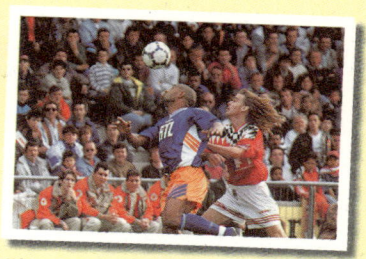

Il y a le stade. J'adore aller aux matchs de foot!

J'aime habiter ici à Ajaccio!
C'est dans le sud-ouest de la Corse.

Le soir, j'aime aller au port et au bord de la mer.

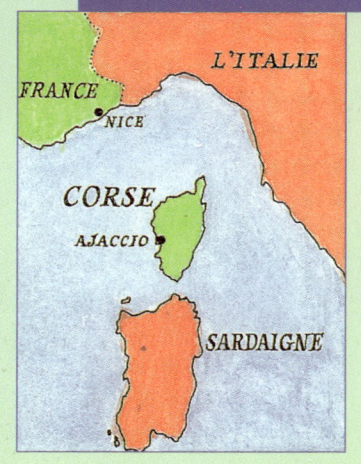

J'adore aller à la plage avec mes copains.

C'est une grande ville touristique et très intéressante.

Il fait chaud. Il fait beau à AJACCIO.

AJACCIO SUPER! FANTASTIQUE!

3 A toi.

Fais ton poster.

3 Pardon monsieur … pardon madame …

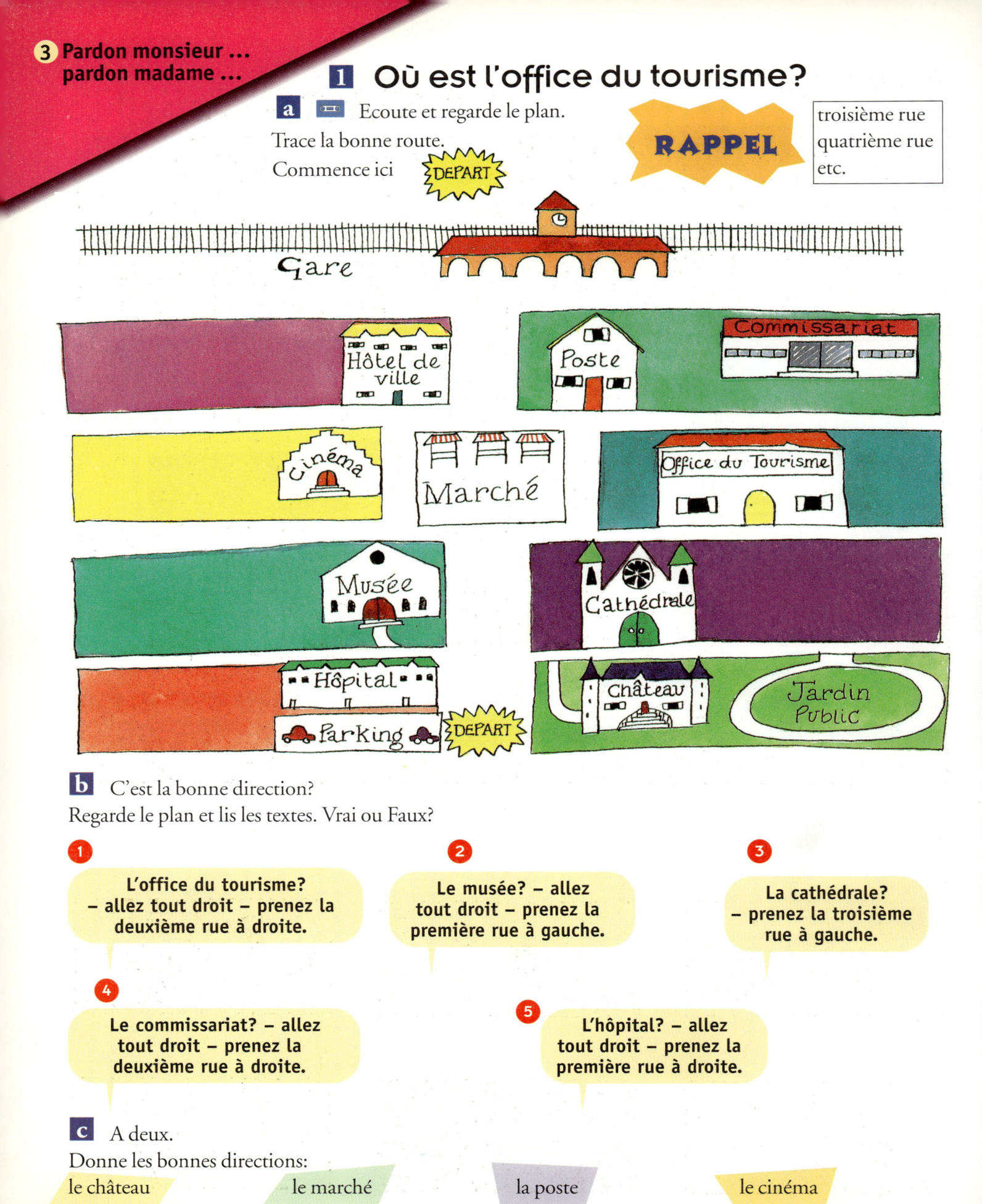

1 Où est l'office du tourisme?

a Ecoute et regarde le plan.
Trace la bonne route.
Commence ici DEPART

RAPPEL
troisième rue
quatrième rue
etc.

Gare

Hôtel de ville

Poste

Commissariat

Cinéma

Marché

Office du Tourisme

Musée

Cathédrale

Hôpital

Parking

Château

Jardin Public

DEPART

b C'est la bonne direction?
Regarde le plan et lis les textes. Vrai ou Faux?

1. L'office du tourisme? – allez tout droit – prenez la deuxième rue à droite.

2. Le musée? – allez tout droit – prenez la première rue à gauche.

3. La cathédrale? – prenez la troisième rue à gauche.

4. Le commissariat? – allez tout droit – prenez la deuxième rue à droite.

5. L'hôpital? – allez tout droit – prenez la première rue à droite.

c A deux.
Donne les bonnes directions:

le château   le marché   la poste   le cinéma

56 cinquante-six

2   La dispute!

a   Écoute et lis.

LA CLASSE D'ENFER

- LA PISCINE? PRENEZ LA DEUXIÈME RUE À DROITE
- NON! C'EST LA TROISIÈME!
- NON!
- SI!
- JE SUIS D'ACCORD.
- JE NE SUIS PAS D'ACCORD.
- C'EST VRAI!
- CE N'EST PAS VRAI!
- SI! NON! SI! NON!
- QU'EST-CE QUI SE PASSE? ALLEZ CHEZ LA DIRECTRICE.
- CE N'EST PAS JUSTE!

b   Comment dit-on?

1 2 3
4 5 6

Au studio – Radio Jeunes

Ecoute et lis.

Nous les copains

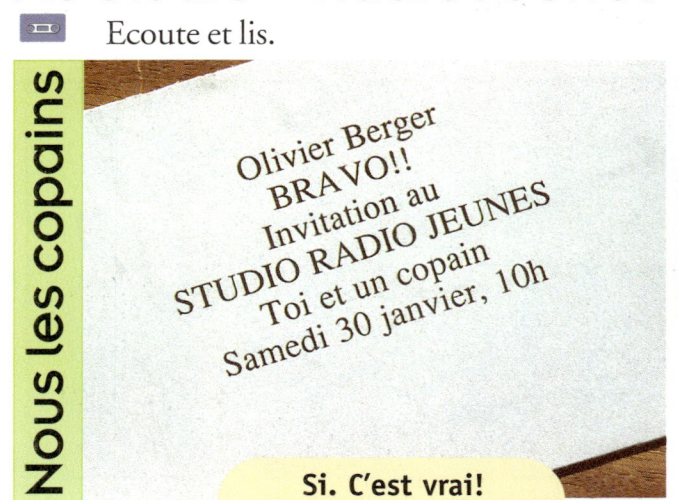

Olivier Berger
BRAVO!!
Invitation au
STUDIO RADIO JEUNES
Toi et un copain
Samedi 30 janvier, 10h

— Yannick, j'ai gagné le premier prix Radio Jeunes!
— Ce n'est pas vrai
— Si. C'est vrai! Tu veux aller au studio avec moi?
— Oui, d'accord. Super!

Samedi

— Alors, prenez la 3ème rue à gauche, la 2ème à droite, allez tout droit et voilà le studio!
— Regarde le plan, Olivier.

— C'est pas vrai! Où est le studio?
— Donne-moi le plan ... Non, regarde. C'est la 3ème rue à droite, pas à gauche! ZUT!
— Mais il est dix heures moins dix!
— Pas de panique!

— Où est le studio Radio Jeunes, s'il vous plaît, monsieur? Nous avons un rendez-vous à dix heures.
— Il est dix heures moins cinq!
— Merci, monsieur.

Entre-temps

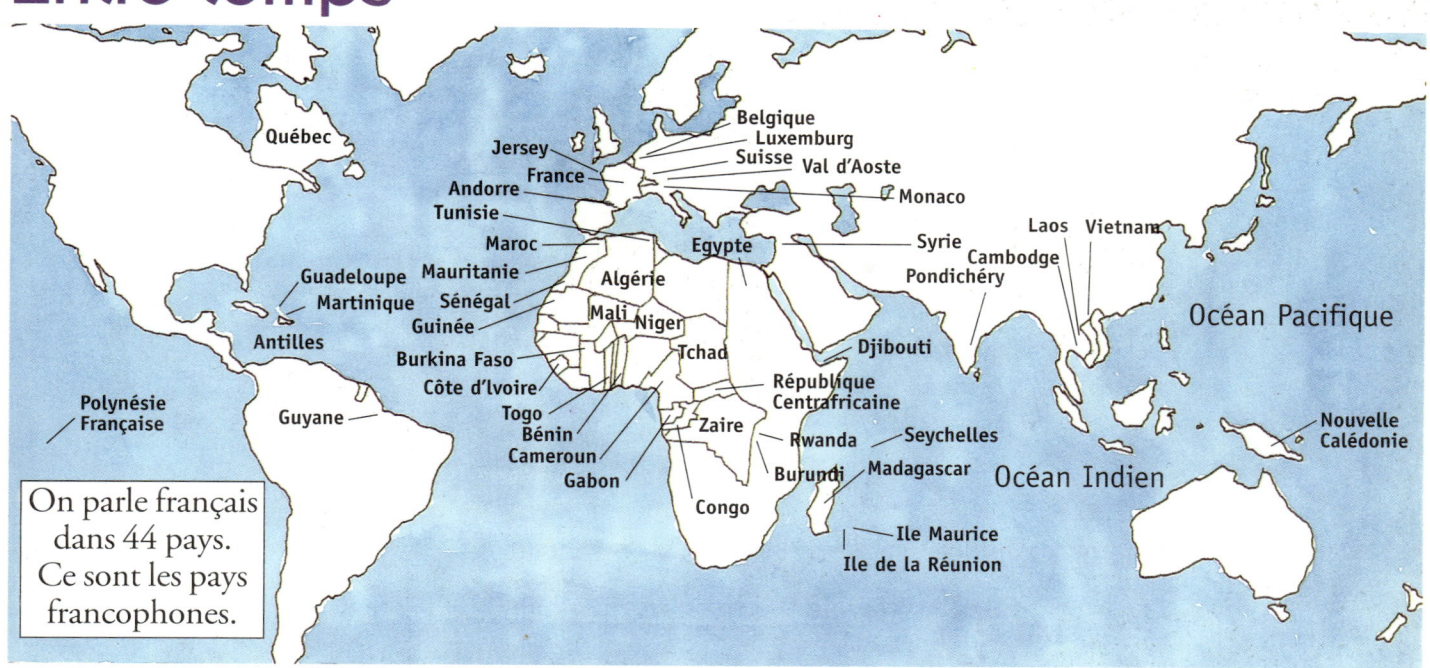

On parle français dans 44 pays. Ce sont les pays francophones.

(Map labels: Québec, Jersey, France, Andorre, Tunisie, Maroc, Guadeloupe, Martinique, Antilles, Polynésie Française, Guyane, Mauritanie, Sénégal, Guinée, Burkina Faso, Côte d'Ivoire, Togo, Bénin, Cameroun, Gabon, Mali, Niger, Tchad, Algérie, Belgique, Luxemburg, Suisse, Val d'Aoste, Monaco, Egypte, Syrie, Laos, Vietnam, Cambodge, Pondichéry, Djibouti, République Centrafricaine, Zaire, Congo, Rwanda, Burundi, Seychelles, Madagascar, Ile Maurice, Ile de la Réunion, Nouvelle Calédonie, Océan Pacifique, Océan Indien)

On parle français ici!

Dans le sud de la Belgique, les Belges parlent français! Dans le nord et l'ouest ils parlent flamand. Mais dans la capitale, Bruxelles, dans le centre de la Belgique la majorité de la population parle français.

Quiz!

Quels pays francophones commencent avec:
- la lettre – C?
- la lettre – M?
- Il y a combien de pays francophones en Afrique?

Woof! Ouaf! Ouaf!

Ici on parle français.

Salut!

Je m'appelle Mustafa et j'habite en Tunisie. L'arabe est ma langue principale mais je parle aussi le français. J'ai commencé mes cours de français comme tous mes copains à l'âge de 8 ans. Je continue. J'aime parler français!

cinquante-neuf 59

1 L'Ile au trésor

a 🎧 Ecoute et lis.

Port (sud), Rivière (Nord) – Cascade – 50 pas à gauche *TRESOR

1779

— Tu as la carte?
— Oui, bien sûr!

— Où est l'office du tourisme?
— Oh non! C'est très touristique!

— La cascade, s'il vous plaît, madame.
— Allez tout droit. Prenez la première rue à droite … Prenez le car – Excursions Cascade.

A gauche il y a le vieux port. C'est très intéressant avec ses histoires de pirate!

Nous sommes dans le centre et nous arrivons à la grande cascade. Vous avez deux heures ici.

A gauche il y a le musée. Vous aimez aller au musée? Il y a le trésor de la cascade! C'est très intéressant!

— C'est pas vrai!
— Si c'est vrai!

60 soixante

b Regarde l'histoire 'L'Ile au trésor'.
Corrige les erreurs.

1 C'est trop touristique.
2 La cascade? Allez tout droit, prenez la première rue à gauche.
3 Il y a le petit port moderne.
4 A droite il y a le musée.
5 C'est assez intéressant.

2 La carte

a A deux.
Regardez la carte de l'Ile.

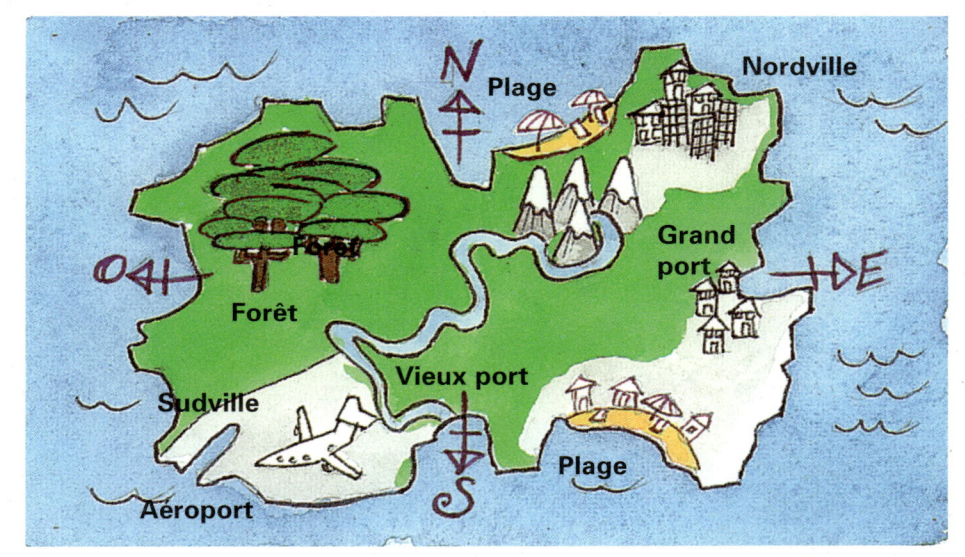

b Lisez la conversation des pirates.

Zut! Il n'y a pas de trésor ici!

Qu'est-ce qu'il y a ici?

Il y a le vieux port. Tu aimes aller au port?

Non, c'est très ennuyeux. Je préfère aller à la plage.

c Changez les détails et inventez encore des conversations.

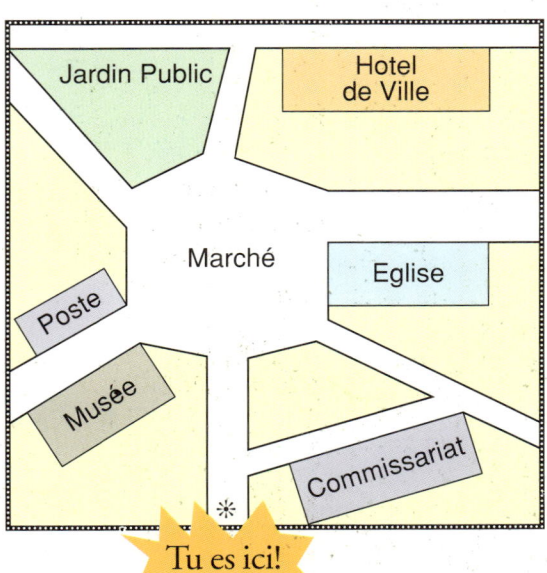

d Regardez le plan de Nordville.
Inventez des conversations à l'office du tourisme.

Porte ouverte!

🏠 Exposition animée.

Travaillez en groupes de trois personnes.

- Préparez une Exposition Animée de ta région et de ta ville/ton village:
  - description?
  - opinion?
  - tu aimes habiter ici?
  - qu'est-ce qu'il y a?
  - tu aimes aller où?

- Présentation.

**Révision!
Pages?
Fiches?
Sommaire?**

Sommaire.

Saying where I live.

C'est	un village.	
	une ville.	
	dans le nord	de la France.
	dans le nord-est	de l'Angleterre.
	près de	Chamonix.

🔑 24 – page 45

It's	a village.	
	a town.	
	in the north	of France.
	in the north east	of England.
	near	Chamonix

Describing where I live.

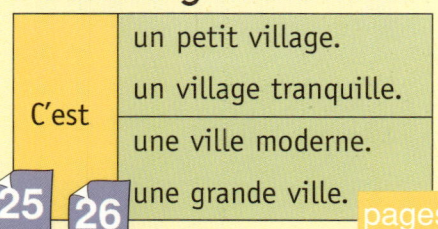

C'est	un petit village.	
	un village tranquille.	
	une ville moderne.	
	une grande ville.	

🔑 25 26 – pages 46–48

It's a	small	village.
	quiet	
	modern	town.
	big	

Asking others and saying if I like living there.

Tu aimes	habiter	à ... ?
J'aime		ici?
Je déteste		

🔑 27 – page 48

Do you like	living	in ... ?
I like		here?
I hate		

Asking for and giving an opinion about places.

Pourquoi?		
C'est	trop	touristique.
	très	grand.
	assez	intéressant.

Why?		
It's	too	touristy.
	very	big.
	quite	interesting.

Asking and saying what there is (in a village/town).

Qu'est-ce qu'il y a?	
Il y a	le stade.
	l'hôtel de ville.
	la forêt.
	l'église.
	les magasins.

What's there?		
There's	the	stadium.
		town hall.
		forest.
		church.
		shops.

pages 50–52

Asking others and saying where I like going.

Tu aimes	aller	au stade?
J'aime		à la rivière.
		à l'église.
		aux magasins.

30

Do you like	going	to the stadium?
I like		to the river.
		to the church.
		to the shops.

Asking and finding the way.

Où est	le stade?
	la poste?

Allez tout droit.			
Prenez la	première	rue	à droite.
	deuxième		à gauche.

32

Where is the	stadium?
	post office?

Go straight on.			
Take the	1st	street	on the right.
	2nd		on the left.

soixante-trois 63

4 Chez moi

1 Bienvenue chez moi!

2 A la maison

3 Qu'est-ce que tu as fait?
- Hier soir …
- Ce week-end …

EN CLASSE

porte ouverte

1 Bienvenue chez moi!

1 Tu habites un appartement?

a Ecoute et regarde les photos.
Qui parle?

Nadia

Luc

Anne

Jean

Lise

b A deux.
Exemple:
- Tu habites une maison?
- Non.
- Tu habites un appartement?
- Oui.
- Nadia.

2 A toi!
Ecris un dialogue.

soixante-quatre

3 C'est comment?

Fais des paires.

Exemple: 1 = E

1. C'est un vieux château.
2. C'est une vieille maison.
3. C'est une petite maison.
4. C'est une assez petite ferme.
5. C'est un très petit mobilhome.
6. C'est un grand HLM moderne.
7. C'est une grande maison moderne.
8. C'est un vieil appartement intéressant.

RAPPEL

(m) un grand HLM moderne

(f) une grande maison moderne

ATTENTION!

un vieux mobilhome
un vieil appartement/HLM
une vieille maison

4 À vendre!

Décris les images.

Exemple:
C'est un petit château.

5 Et toi?

Décris ton appartement/ta maison.

1 Chère Emma …

Lis et écoute.

le 3 mars

Chère Emma
Salut ! Encore quinze jours et te voilà chez nous. Super ! J'habite une petite maison moderne. Je dessine un plan pour toi :

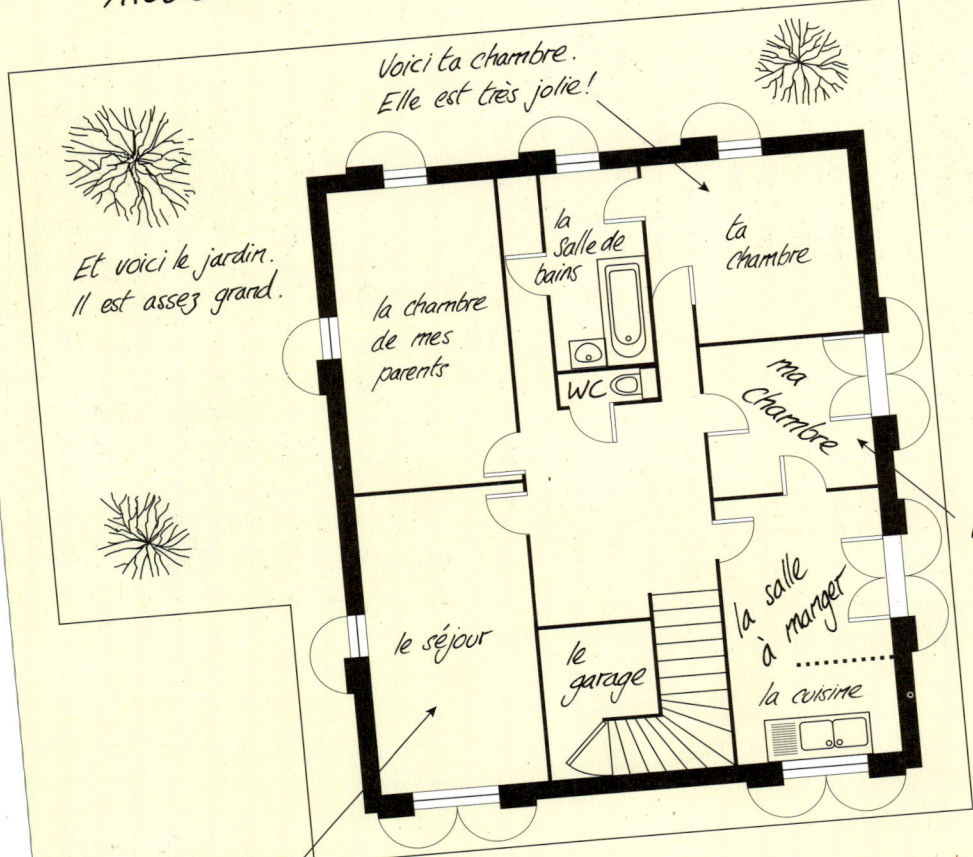

Voici ta chambre.
Elle est très jolie !

ta chambre

la salle de bains

WC

la chambre de mes parents

ma chambre

Voici ma chambre.
Elle est assez petite, mais je l'aime beaucoup !

Et voici le jardin.
Il est assez grand.

le séjour

le garage

la salle à manger

la cuisine

Le séjour est grand.
Il est très confortable.

J'attends ta visite avec impatience.
A bientôt !
Sophie

ATTENTION !

(m)
Voici **le** séjour.
Il est grand.

(f)
Voici **la** chambre de mes parents.
Elle est grande.

2 La maison hantée

a Regarde l'image et lis les phrases.

b Fais les bonnes paires.

Exemple: 1 = f

1 J'habite une maison.
2 J'adore le jardin.
3 Je n'aime pas le garage.
4 Voici la cuisine.
5 J'aime le séjour.
6 Voici la chambre rouge.
7 Je n'aime pas la salle de bains.

a Il est trop petit.
b Elle est verte et noire.
c Elle est très sale.
d Elle est assez intéressante et très confortable.
e Il est grand et très joli.
f Elle est assez grande et très vieille.
g Il est très tranquille.

c A deux.

Exemple:

— Comment est la maison?
— Elle est assez grande et très vieille.
— Comment est le garage?

3 A toi!

Dessine et décris ta maison hantée.

soixante-sept 67

1 Comment ça se prononce?

a Ecoute et lis.

C'est ton appartement?

Ton appartement, il est comment?
Très moderne et assez grand.
Il est comment? Assez grand?
Oui, ça c'est mon appartement.

b Ecoute et lis.

c Ecoute, lis et répète.

C'est ton appartement?	Il est comment?
Il est assez grand?	Il est assez grand.
Il est moderne?	Il est moderne.
Il y a un jardin?	Il y a un petit jardin.
Tu aimes ton appartement?	J'aime mon appartement.

d Lis et prononce.

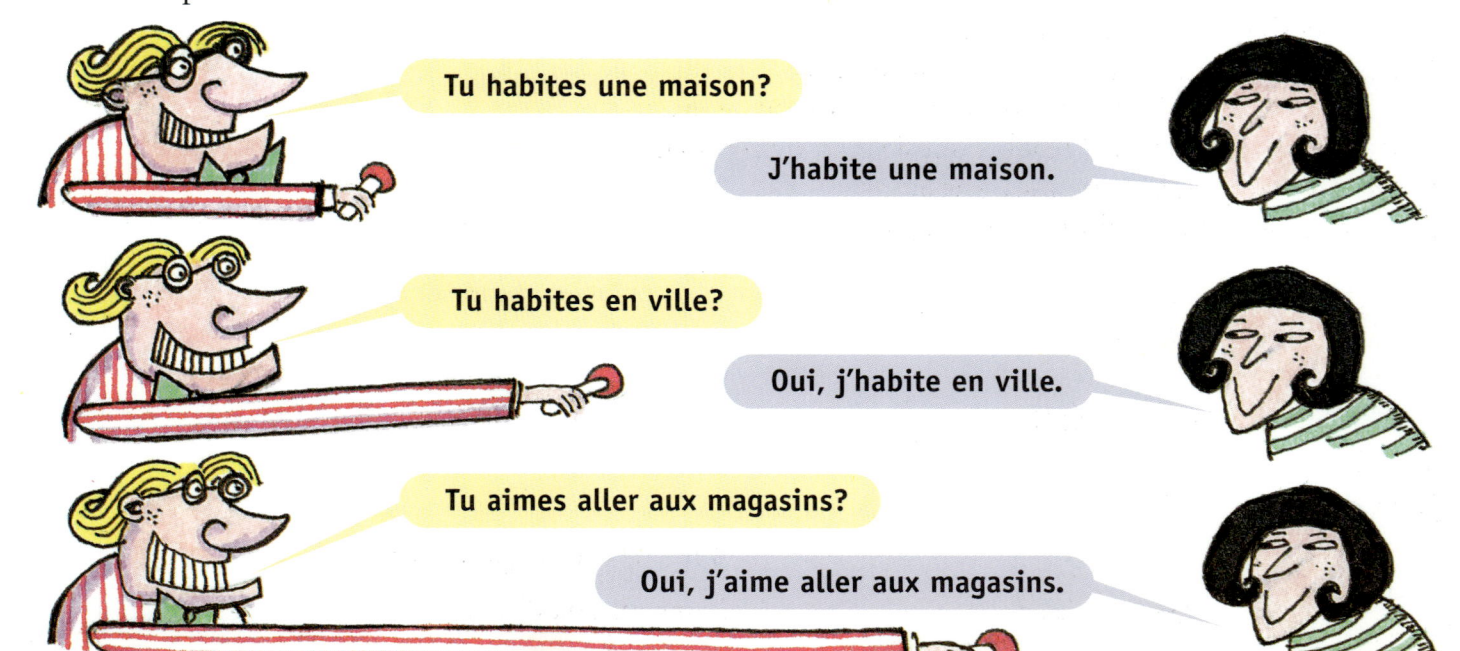

Tu habites une maison?

J'habite une maison.

Tu habites en ville?

Oui, j'habite en ville.

Tu aimes aller aux magasins?

Oui, j'aime aller aux magasins.

2 Dans la chambre il y a …

a Regarde l'image.

b Lis les phrases.
C'est vrai ou faux?

1 Dans la chambre il y a un lit bleu.
2 J'ai une table. Sur la table il y a un ordinateur.
3 Sur la commode il y a une mini-chaîne et des jeux vidéo.
4 Il y a aussi une armoire blanche, une étagère et une chaise.
5 J'ai des livres et des magazines. J'adore lire.
6 Il y a un téléviseur. J'aime regarder la télé.

ATTENTION!

	(m)	(f)	(pl)
J'ai / Il y a	un	une	des
sur / dans	le	la	les

c Et ta chambre?
Dans ma chambre …

Ça suffit!

a Ecoute et lis.

LA CLASSE D'ENFER

- MONSIEUR! IL Y A UNE GUÊPE LÀ-BAS!
- FAIS ATTENTION!
- ELLE EST SUR MON CAHIER!
- DOUCEMENT!
- ATTENTION, PAUL! ELLE EST DEVANT TOI!
- AÏE! ELLE EST DANS MA TROUSSE!
- VITE! ELLE EST DERRIÈRE TOI!
- DONNE-MOI TON LIVRE!
- ZUT!
- CRAC!
- MONSIEUR!! ELLE EST SOUS LE PA...
- ÇA SUFFIT!
- AÏE!
- ÇA FAIT MAL, MONSIEUR?!

b Comment dit-on?

1
2
3
4
5

2 A la maison

Robert Robot

a Ecoute et regarde les images.

1 2 3
4 5 6
7

- **A** Je passe l'aspirateur.
- **B** Je fais la cuisine.
- **C** Je range ma chambre.
- **D** Je fais mon lit.
- **E** Je mets la table.
- **F** Je fais la vaisselle.
- **G** Je débarrasse la table.

b A deux. Programme ton/ta partenaire robotique!

Exemple: E B G

> Je mets la table, je fais la cuisine, je débarrasse la table.

ou: 2 7 1

> Je fais la vaisselle, je range ma chambre, je fais mon lit.

soixante et onze

1 Lundi matin

Lis le texte.

08.00 : La famille quitte la maison et moi je reste chez nous. Je fais le ménage. D´abord je débarrasse la table et je fais la vaisselle. Je range la cafetière, les bols et les tasses. Puis je fais la lessive et je prépare le déjeuner et le dîner.

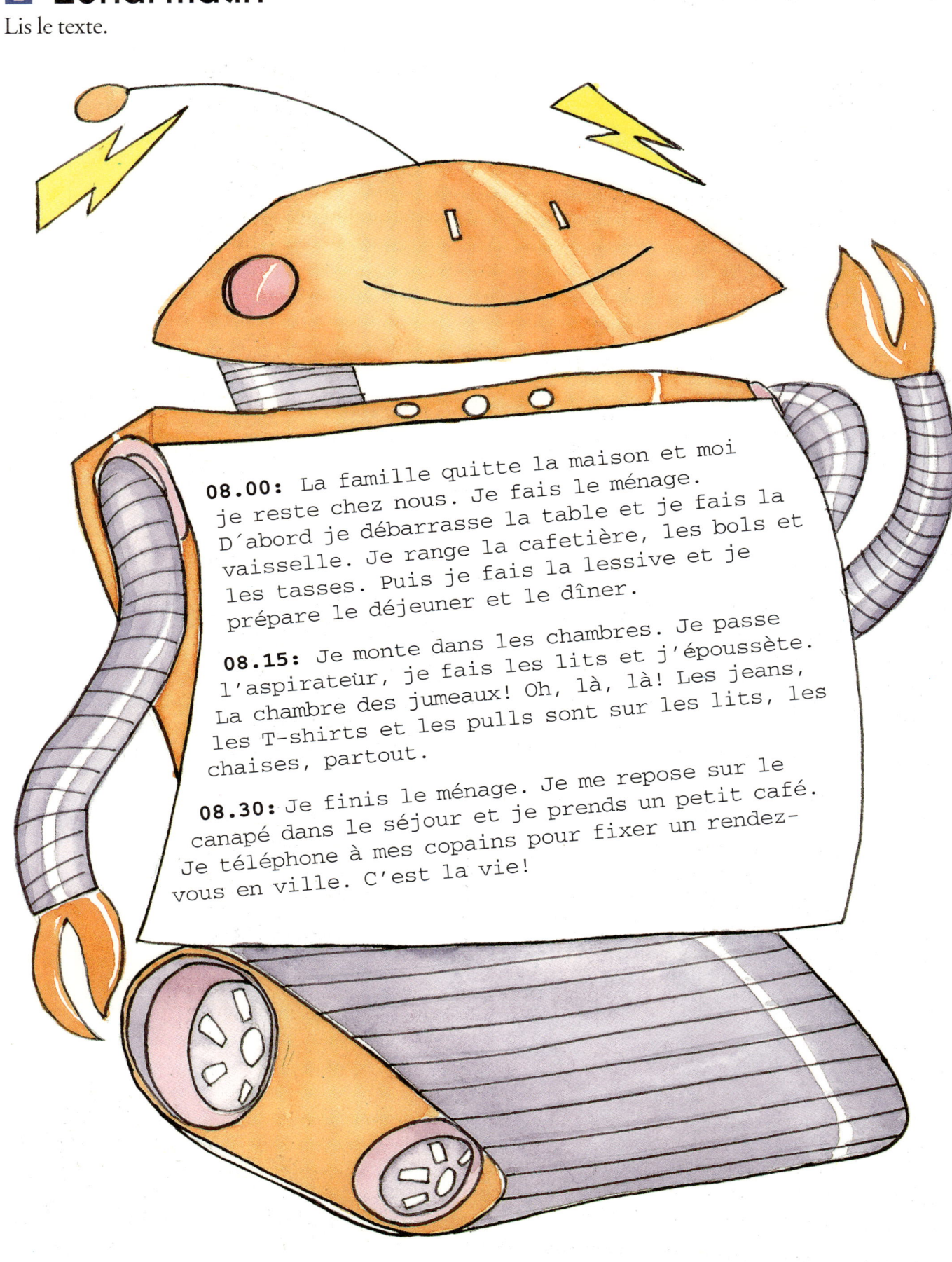

08.15 : Je monte dans les chambres. Je passe l'aspirateur, je fais les lits et j'époussète. La chambre des jumeaux! Oh, là, là! Les jeans, les T-shirts et les pulls sont sur les lits, les chaises, partout.

08.30 : Je finis le ménage. Je me repose sur le canapé dans le séjour et je prends un petit café. Je téléphone à mes copains pour fixer un rendez-vous en ville. C'est la vie!

2 Je lis et je comprends!

??!

Pas de panique!

Méthode.
1 Thème?

a b c

ou   ou

Je comprends!

2 Détails?

> 08.00: La famille quitte la maison et moi je reste chez nous. Je fais le ménage. D'abord je débarrasse la table et je fais la vaisselle. Je range la cafetière, les bols et les tasses. Puis je fais la lessive et je prépare le déjeuner et le dîner.

C'est comme l'anglais!

3 Encore des détails?

> 08.00: La famille quitte la maison et moi je reste chez nous. (Je fais le ménage.) D'abord je débarrasse la table et je fais la vaisselle. Je range la cafetière, les bols et les tasses. Puis je fais la lessive et je prépare le déjeuner et le dîner.

C'est quoi en anglais?

JE COMPRENDS!

4 Dictionnaire?

> 08.00: La famille quitte la maison et moi je reste chez nous. Je fais le ménage. D'abord je débarrasse la table et je fais la vaisselle. Je range la cafetière, les bols et les tasses. Puis je fais la lessive et je prépare le déjeuner et le dîner.

soixante-treize

1 Tous les jours?

a 🔊 Sondage!
Ecoute l'interview avec Sandrine.
Regarde les réponses.

Lègende
Tous les jours = tlj
Souvent = s
Quelquefois = q
Jamais = j

Sandrine

tlj
q   q
j   q
s   s

b Regarde et lis.

Tu fais la vaisselle?
Oui, tous les jours.

Tu mets la table?
Oui, souvent.

Tu ranges ta chambre?
Jamais!

c Interviewe ton/ta partenaire.
Note les réponses.
Exemple:

Tu fais ton lit?

Tous les jours.

ATTENTION!

Je fais |mon| lit.
Tu fais |ton| lit?
Je range |ma| chambre.
Tu ranges |ta| chambre?

74 soixante-quatorze

2 Tu fais le ménage?

Regarde l'image.
Que dit-on?

Exemple:

Sophie: *Tous les jours je mets la table et souvent je fais la vaisselle, mais je ne range jamais ma chambre!*

- ℓℓℓℓℓℓℓ tous les jours
- ——— souvent
- ooooooo quelquefois
- ——— jamais

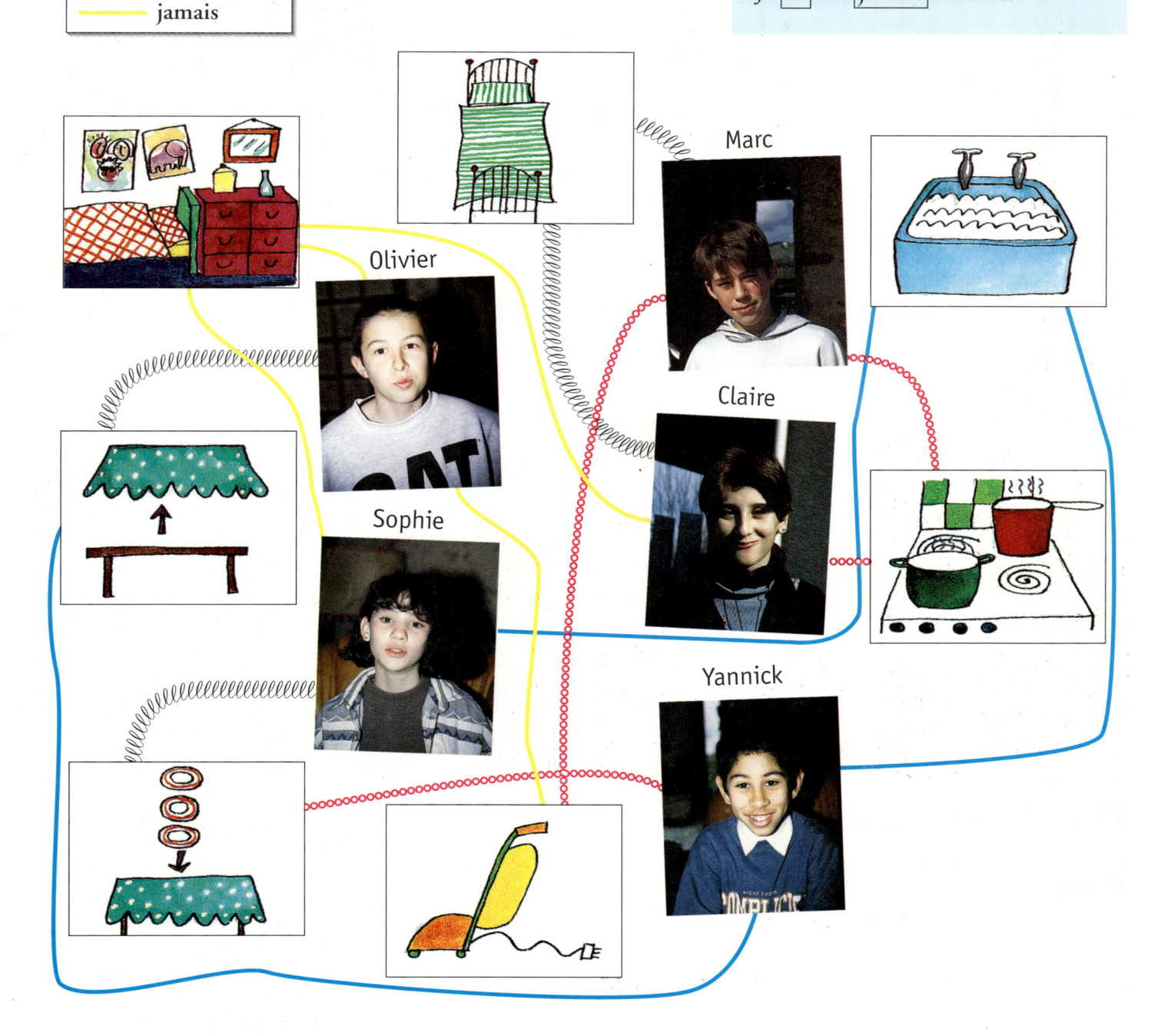

RAPPEL

Je [ne] joue [pas] au foot.
Je [ne] range [pas] ma chambre.

ATTENTION!

Je [ne] range [jamais] ma chambre!
Je [ne] fais [jamais] mon lit!

Marc, Olivier, Claire, Sophie, Yannick

soixante-quinze 75

Je fais le ménage.

🔊 Ecoute et lis.

Nous les copains

Chez Sophie

- Salut! Tu veux aller en ville ce matin?
- Non, je ne peux pas – je fais le ménage.
- Quoi? C'est pas vrai!
- Si! Emma arrive ce soir.

- Tu veux m'aider, Olivier?
- D'accord. Je passe l'aspirateur?

- Oui, et toi, Frédéric?
- Moi, je range la chambre.
- Je veux bien, mais ...
- Je n'ai pas envie.

- Et toi, Louise ... Que fais-tu?
- Bof! Je ne sais pas. Je fais le lit ...

- Nous sommes trop fatigués!

Deux heures plus tard

- Salut! Tu veux aller en ville?
- Oui, je veux bien! Olivier, Frédéric, Louise! Nous allons en ville?

Entre-temps...

Le sais-tu?
La CN Tower (553 mètres) à Toronto au Canada est aujourd'hui le plus haut gratte-ciel du monde.

Une ville dans la ville.
A l'intérieur des gratte-ciel il y a des milliers de mètres carrés de bureaux et d'appartements, mais aussi de grands magasins et d'endroits pour faire le sport.
Le soir, après le travail, on peut aller aux magasins ou à la banque, on peut jouer au tennis ou faire de la natation sans sortir de la tour.

On fait le ménage!
La pollution de l'air à New York est tellement importante qu'il est nécessaire de laver les 6.500 fenêtres de l'Empire State Building au moins deux fois par mois!

Blague
Un petit garçon prend une douche. Sa mère entre dans la salle de bains et lui demande:
'Tu prends ta douche?'
'Bien sûr, Maman.'
'Quoi? Sous un parapluie?'
'Mais oui. J'ai oublié ma serviette!'

Consommation d'eau à la maison
Un lave-vaisselle: de 25 à 40 litres
Une douche: de 60 à 80 litres
Une machine à laver: de 70 à 120 litres
Un bain: de 150 à 200 litres
Un robinet qui goutte: 300 litres d'eau par jour!

3 Qu'est-ce que tu as fait?

1 Crime au château!

a ▭ Ecoute et lis les alibis.
b ▭ Ecoute et regarde le plan du château.
c Lis les alibis et regarde le plan. Qui est le criminel?

Denis Dynamique

Je suis allé à la piscine. J'ai parlé avec Sara. Puis j'ai fait du canoë-kayak et finalement j'ai fait du vélo.

Sara Solitaire

J'ai fait une petite promenade dans le jardin. Après, je suis allée à la piscine. J'ai parlé avec Denis.

Thierry Timide

Je suis resté dans le séjour. J'ai lu, j'ai écouté de la musique et j'ai regardé la télé.

Monsieur et Madame Mangetout

Nous avons mangé. Après nous sommes allés au lac et nous avons vu Lucie et Lucille et le chef.

Raymond Ragoût

J'ai préparé le dîner. Puis je suis resté dans la cuisine et j'ai regardé la télé.

Lucie et Lucille

Après le dîner nous avons joué au tennis. Puis nous sommes allées au lac. Là nous avons parlé avec M. et Mme. Mangetout.

2 A deux!
Qui parle?

Exemple:

Nous avons mangé.

Monsieur et Madame Mangetout.

3 Encore des alibis?
Change les détails.

RAPPEL

J'<u>ai</u> regardé la télé.
Je <u>suis</u> allé au lac.

Nous <u>avons</u> regardé la télé.
Nous <u>sommes</u> allé[s] au lac.

Nous <u>avons</u> regardé la télé.
Nous <u>sommes</u> allé[s] au lac.

J'<u>ai</u> regardé la télé.
Je <u>suis</u> allé[e] au lac.

Nous <u>avons</u> regardé la télé.
Nous <u>sommes</u> allé[es] au lac.

soixante-dix-neuf 79

1 Hier soir …

Ecoute et lis.

– Salut Olivier. Qu'est-ce que tu as fait hier soir?

– Bof ! Je suis resté à la maison. J'ai regardé la télé. Et toi?

– Moi aussi, je suis restée chez moi. J'ai fait mes devoirs.

– Salut les filles. Qu'est-ce que vous avez fait hier soir?

– Nous avons fait du cheval, puis nous sommes allées au cinéma. Et toi?

– Bof! Je suis resté à la maison. J'ai joué avec l'ordinateur.

2 C'était comment?

Choisis les opinions.

a Olivier
b Yannick
c Sophie et Emma
d Frédéric

C'était très bien!
C'était moche!
C'était bien!
C'était ennuyeux!
C'était chic!
C'était nul!

3 A deux!/A trois!

Jouez les rôles des copains.

4 A toi!

Interviewe ton/ta partenaire.
Exemple:

Qu'est-ce que tu as fait hier soir?

Je suis resté(e) à la maison et j'ai joué aux cartes. C'était moche. Et toi?

5 Maxine, vedette de cinéma!

a Ecoute et lis.

C'est comment chez les stars? Nous avons interviewé Maxine, vedette de cinéma ...

- Alors Maxine, tu habites un appartement?
☆ Non, j'habite une maison.
- Elle est comment?
☆ Elle est grande – il y a deux séjours, une petite cuisine, une grande piscine, cinq salles de bains ...
- Cinq salles de bains?
☆ Eh oui, cinq salles de bains et dix chambres.
- Et ta chambre, elle est comment?
☆ Ma chambre est super! Bien sûr, elle est grande, très moderne et très confortable.
- Et tu fais le ménage?
☆ Je ne fais jamais le ménage, mais quelquefois je fais la cuisine!
- Et tes passe-temps?
☆ Je n'ai pas de passe-temps!
- Alors, qu'est-ce que tu as fait hier soir?
☆ Hier soir? Bof! ... J'ai fait de la natation et j'ai fait une petite promenade au bord de la mer.
- Et ce week-end, qu'est-ce que tu as fait?
☆ Je suis allée en ville avec mes copains. Nous avons mangé au restaurant et puis nous sommes allés au cinéma.
- Merci Maxine, et bonne chance avec tes films!

b Fais l'interview de Maxine/Max avec ton/ta partenaire.

Porte ouverte!
🏠 Chez les stars!

- Imagine! Tu es vedette!
- Prépare une description pour la galerie des vedettes.
  (Réponds aux questions et attache une photo/image.)

Exemple:

Maxine
- ☆ J'habite une maison.
- ☆ Elle est grande. Il y a …
- ☆ Ma chambre est …

- Interviewe une vedette.
  (Pose les questions et note les réponses.)
- Lis les descriptions dans la galerie de vedettes.
  Trouve un copain/une copine célèbre
  a) pour toi.
  b) pour ton/ta partenaire.

Tu habites où?
C'est comment?
Et ta chambre?
Tu fais le ménage?
Qu'est-ce que tu as fait hier soir/le week-end?

Sommaire

Asking about others and saying what type of house I live in.

Tu habites un appartement?		Do you live in a flat?	
J'habite	un appartement.	I live in	a flat.
	une maison.		a house.

Asking about other homes and describing my house/home.

C'est comment?		What's it like?	
C'est un petit appartement moderne.		It's a small modern	flat.
C'est une petite maison moderne.			house.

Saying what there is in my house or flat and what it's like.

(Chez moi) il y a …		
un	jardin.	Il est grand.
	garage.	
une 🔑 35	salle à manger.	Elle est petite.
	cuisine.	

(In my home) there is …		
a	garden.	It's big.
	garage.	
	dining room.	It's small.
	kitchen.	

Saying what there is in my bedroom.

Dans ma chambre				
Sur	le téléviseur	il y a	un	lit
	la table	j'ai		téléviseur.
			une	étagère.
				chaise.
			des	jeux vidéo. 🔑 38

In my bedroom				
On the	television table	there's	a	bed.
		I've got		television.
				bookcase.
				chair
		there are		some video games.

Asking other people what jobs they do at home.

| Tu fais le ménage? |
| Tu fais ton lit? |

| Do you do the housework? |
| Do you make your bed? |

Saying what jobs I do at home and how often.

Tous les jours	je fais mon lit.
Souvent	je fais la vaisselle.
Quelquefois	je range ma chambre.
Je ne passe jamais l'aspirateur. **pages 71–74**	

Every day	I make my bed.
Often	I do the washing up.
Sometimes	I tidy my room.
I never vacuum clean.	

Asking what other people did yesterday evening/last weekend.

| Qu'est-ce que tu as fait | hier soir? |
| Qu'est-ce que vous avez fait | ce week-end? |

| What did you do | yesterday evening? |
| | last weekend? |

Saying what I did yesterday evening/last weekend.

Hier soir	j'ai	regardé la télé.
Ce week-end	nous avons	fait une promenade.
	je suis resté(e) à la maison.	
	nous sommes allé(e)s	en ville.
		à la piscine.

Yesterday evening	I	watched TV.
Last weekend	we	went for a walk.
	I	stayed at home.
	we	went to town.
		went to the swimming pool.

quatre-vingt-trois

5 Amusez-vous bien!

1 Les achats

2 Qu'est-ce que tu vas faire?
- demain?
- samedi prochain?

3 Qu'est-ce que tu vas mettre?

EN CLASSE

porte ouverte

1 Les achats

1 Je fais les courses

a Ecoute et regarde les fruits (A–F). Choisis les bonnes lettres.

b Ecoute et regarde les achats (G–P). Choisis les bonnes lettres.

84 quatre-vingt-quatre

2 Fais des paires

a Relie.

Exemples: un gâteau
une portion de pizza

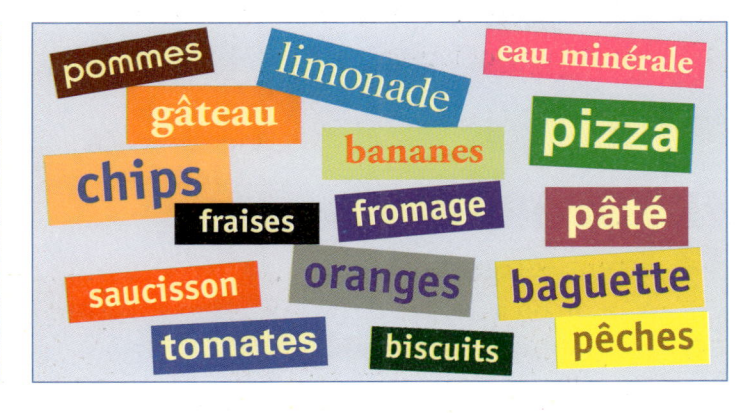

Un demi-kilo de (d')
Un kilo de (d')   Une portion de
250 grammes de (d')   Une
Un   Un paquet de (d')

pommes   limonade   eau minérale
gâteau   bananes   pizza
chips   fromage   pâté
fraises   oranges   baguette
saucisson   biscuits   pêches
tomates

b A deux.
Faites les courses.

Exemple:
> une pizza et 250 g de fromage

> 'm' et 'k'

3 Ecris une liste d'achats

un kilo de bananes
une portion de

RAPPEL

un kilo <u>de</u> pommes
un kilo <u>d'</u>oranges
une bouteille <u>de</u> limonade
une bouteille <u>d'</u>eau minérale

1 Miam! Miam!

Regarde et écoute.

1 A la boulangerie-pâtisserie

- Monsieur?
- Deux baguettes et un gâteau.

2
- Ça fait combien?
- 35 francs, Monsieur.

3 A la charcuterie.
- Mademoiselle?
- 4 portions de pizza, s'il vous plaît.
- … et avec ça?
- 250 grammes de saucisson.

4
- Voilà. C'est tout?
- Oui, c'est tout.

5 Au marché
- Monsieur?
- Un demi-kilo de tomates et 4 kilos de bananes.
- Voilà monsieur. Ça fait 55 francs.
- Merci, Madame. Au revoir.

6 A la maison
- Bon appétit!

2 Zut alors!

Ecoute et regarde.
Qu'est-ce qu'on a oublié?

Exemple: A= un kilo de bananes.

3 Les magasins

a Regarde les photos et les animaux.
Fais 4 listes d'achats pour les animaux.

au marché

au supermarché

b A deux.
Faites les courses pour les animaux.

Exemple: – Monsieur/Mademoiselle?
– Deux baguettes, s'il vous plaît.
– Et avec ça … ?

à la boulangerie-pâtisserie

à la charcuterie

2 Qu'est-ce que tu vas faire?

1 Qu'est-ce que tu vas faire demain?

a Ecoute et lis.

– Qu'est-ce que tu vas faire demain?
– Bof! … je vais faire mes devoirs et je vais regarder la télé. Et toi?
– Rien.
– Ennuyeux, n'est-ce pas?

b Ecoute et regarde. Qui parle?

Marc

Sandrine

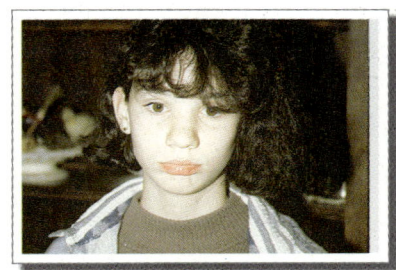

Sophie

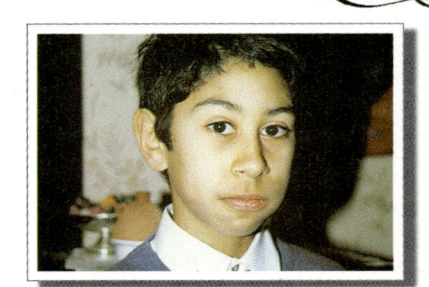

Yannick

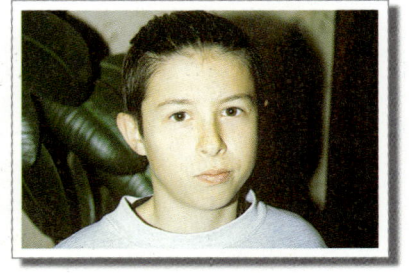

Olivier

c Fais des phrases!

Exemple: Je vais jouer à l'ordinateur.

	jouer	mes devoirs.
	regarder	au lit.
	ranger	de la musique.
Je vais	rester	la télé.
	écouter	des magazines.
	faire	à l'ordinateur.
	lire	ma chambre.

d Vérifie et répète!

88 quatre-vingt-huit

2 Je vais faire une boum!

a 🎧 Ecoute et lis.

> J'ai une idée! Samedi prochain, je vais faire une boum!

> Super! Je vais écrire une liste et je vais faire les courses.

> Chouette! Je vais téléphoner à Sandrine et à Marc.

> Moi, je vais écrire les invitations.

> Et moi, je vais enregistrer la musique!

b C'est quelle phrase?
Exemple: 1 = Je vais écrire une liste.

c A deux!

> Qu'est-ce que tu vas faire?

> Un! Je vais écrire une liste.

ATTENTION!

Qu'est-ce que tu <u>vas</u> faire ?
Je <u>vais</u> regarder la télé.
Je <u>vais</u> écrire une liste.

3 La vie de chien!

Ecris les projets du chien!
Exemple: Demain matin je vais …

1 Comment ça se prononce ?

a Ecoute, et lis.

Je vais passer mes vacances à St Tropez.

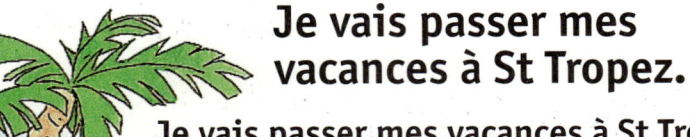

Je vais passer mes vacances à St Tropez.
Je vais faire des promenades, je vais jouer.
Je vais manger, je vais lire.
Je vais acheter et écrire
mes cartes postales à St Tropez.

b Ecoute et lis.

c Ecoute, lis et répète.

> Je vais passer.
> Je vais passer, je vais jouer, je vais acheter.
> Je vais faire.
> Je vais faire, je vais lire, je vais écrire.

d Lis et prononce.

Je vais manger une glace.

Je vais téléphoner à mes copains.

Je vais écouter de la musique.

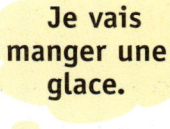

Je vais faire une boum.

Je vais écrire une lettre.

AIDE-MEMOIRE

achet ____
écri ____
fai ____
jou ____
li ____
mang ____
téléphon ____

– er
– re

2 Tu as des projets?

a Lis la lettre.

> Albi
> mercredi, le 8 mai
>
> Cher Paul,
> Salut! Ça va? Merci pour ta lettre et la photo de ta maison. Elle est très jolie.
> Ce soir je reste à la maison et je vais faire mes devoirs de maths. C'est ennuyeux mais samedi prochain nous allons faire une boum chez Louise! (mes copains et moi).
> Nous allons inviter douze personnes. Alors, demain soir je vais enregistrer la musique. Samedi nous allons faire les courses en ville et je vais faire un grand gâteau au chocolat! Après, nous allons ranger la maison, mettre les ballons, faire la cuisine ... et à 8 heures la BOUM!
> Et toi, tu as des projets?
> Écris-moi bientôt,
> Olivier
>
> *Une portion de gâteau pour toi! →

ATTENTION!

Qu'est-ce que vous allez faire?
Nous allons { inviter ...
ranger ...
faire ...
mettre ... }

b Lis les phrases et la lettre.
Vrai ou faux?
Exemple: 1 = f

1 Je vais faire mes devoirs de français.
2 Nous allons faire une boum au club.
3 Nous allons inviter 12 personnes.
4 Vendredi soir je vais écouter de la musique.
5 Samedi je vais faire la cuisine.
6 Samedi nous allons ranger la maison.

c Réponds à la lettre d'Olivier.

Ce n'est pas vrai!

a 🎧 Ecoute et lis.

LA CLASSE D'ENFER

- AUJOURD'HUI NOUS ALLONS REGARDER UNE VIDÉO.
- CHOUETTE!
- MONSIEUR, IL N'Y A PAS DE PLACE!
- JE NE VOIS PAS!
- MONSIEUR! JE N'ENTENDS PAS!
- HOUP! ÇA NE MARCHE PAS! CRAC!
- ZUT!
- SILENCE! MAINTENANT VOUS ALLEZ COUPER CETTE FICHE ET LA COLLER DANS VOTRE CAHIER!
- MONSIEUR! JE N'AI PAS DE FICHE!
- ET MOI, JE N'AI PAS DE CAHIER!
- IL N'Y A PAS DE CISEAUX!
- MONSIEUR, IL N'Y A PAS DE COLLE!
- DRINNGGG
- VOUS ALLEZ RESTER ASSIS! IL N'Y A PAS DE RÉCRÉ

b Comment dit-on ?

1 2 3
4 5 6

92 quatre-vingt-douze

Entre-temps...

MESSAGES SECRETS!

Matériel:

un citron

une soucoupe

un pinceau

un fer à repasser

un papier

1  Tu vas presser un citron.

2 Puis tu vas tremper un pinceau dans le jus.

3 Tu vas écrire ton message secret.

4 Tu vas laisser sécher le message.

5 Tu vas repasser le papier.

6 Et voilà! Tu vas lire ton message secret!

Ça fait combien?

En 1626 Peter Minuit, représentant d'une compagnie hollandaise de commerce a acheté aux Indiens L'île de Manna Hatta (l'île aux collines). Et le prix pour cette île que nous appelons aujourd'hui Manhattan et qui était l'origine de la grande ville multimillionaire de New York? Vingt-quatre dollars, payables en perles de verre!

Le jean

Vers 1860 à San Francisco en Californie, le marchand, Levi Strauss, a inventé le jean. Il a vendu ses premiers pantalons solides et pratiques aux pionniers du Far West, mais la toile était de la ville de Nîmes en France et le bleu était de Gênes en Italie. Ces villes ont donné leurs noms aux mots 'denim' et 'jeans'.

3 Qu'est-ce que tu vas mettre?

1 Je vais mettre …

a Ecoute la cassette.
Ecris la/les bonne(s) lettre(s).

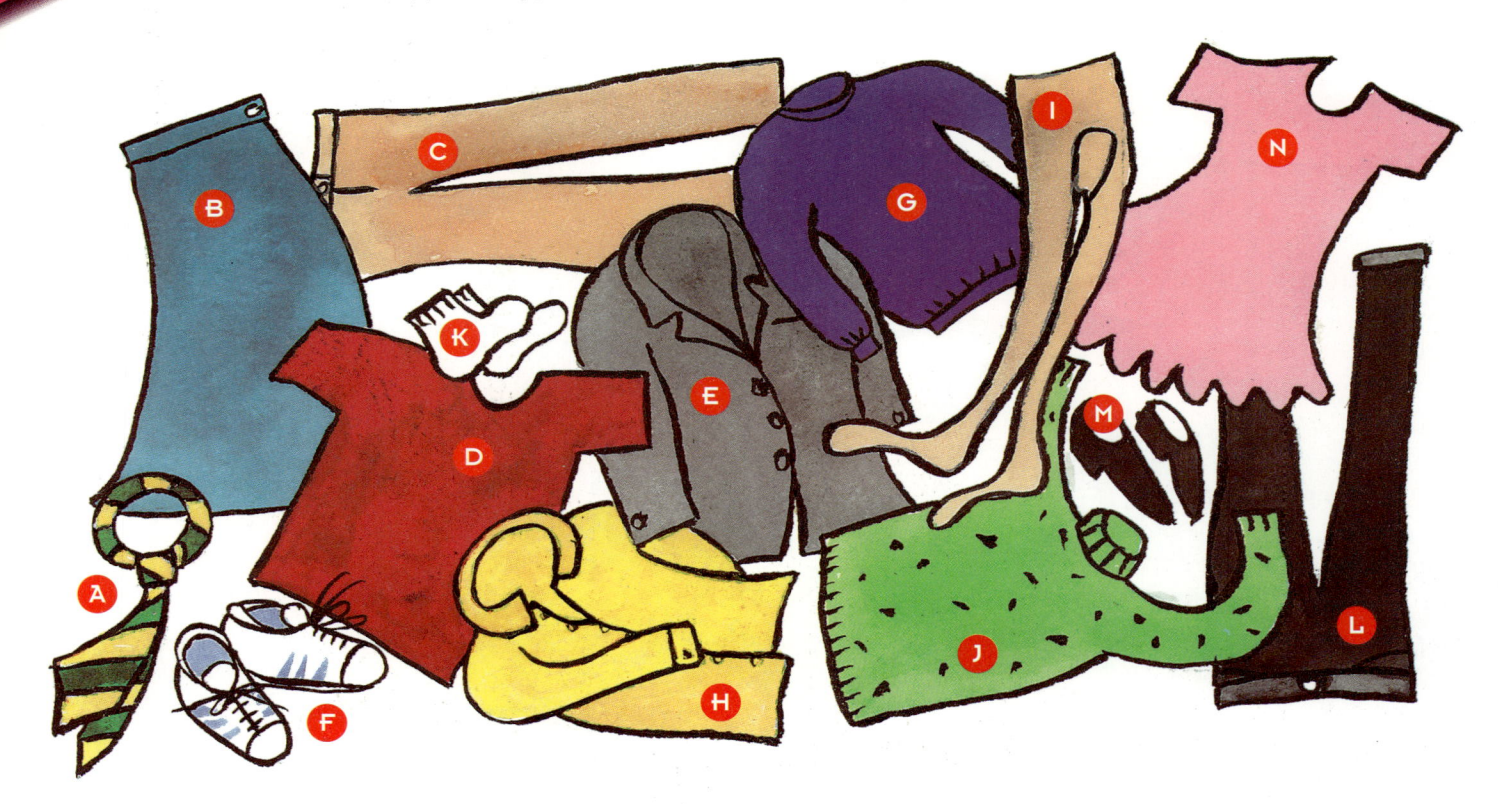

b Fais les paires.
Exemple: A = une cravate

un T-shirt	une chemise
un jean	une jupe
un pull	une robe
un sweat shirt	une cravate
un pantalon	une veste
un collant	
	des chaussettes
	des baskets
	des chaussures

c A deux.
Jeu de mémoire!
Exemple: A — une cravate!

GRANDE BOUM SAMEDI SOIR

RAPPEL

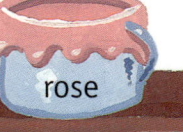

violet(te)   rose   beige   orange

rouge   jaune   bleu(e)   vert(e)   noir(e)   blanc(he)   brun(e)   gris(e)

94 quatre-vingt-quatorze

2 Rendez-vous des clowns!

a Lis les notes et regarde les clowns.
Ils s'appellent comment?
Exemple: A s'appelle …

> Je vais mettre une veste verte, un pantalon blanc et orange, un T-shirt blanc et des chaussures roses.
> *Rollo*

> Je vais mettre une veste verte, un pantalon violet et rose, un T-shirt blanc et des chaussures oranges.
> *Alphonse*

> Je vais mettre une chemise blanche, un pantalon orange et vert, une cravate violette et des chaussures oranges
> *Albert*

> Je vais mettre un T-shirt blanc, un pantalon vert, une veste violette et rose et des chaussures roses.
> *Louis*

> Je vais mettre une chemise jaune, un pantalon orange et vert, une cravate orange et des chaussures violettes.
> *Jo-Jo*

RAPPEL

(m)	(f)
un pantalon vert	une chemise vert[e]
des pulls vert[s]	des chaussettes vert[es]

ATTENTION!

(m)	(f)
violet	violet[te]
blanc	blanc[he]

b A deux.
Regardez les vêtements à la page 94 et complétez la conversation.

> Qu'est-ce que tu vas mettre pour la boum?

> Je vais mettre … Et toi?

quatre-vingt-quinze 95

Qu'est-ce que tu vas mettre, Louise?

Ecoute et lis.

Nous les copains

Chez Louise

— Qu'est-ce que tu vas mettre pour la boum, Yannick?
— Bof! Mon jean, un T-shirt et mes baskets.
— Moi aussi.

— Qu'est-ce que tu vas mettre, Louise?
— Je ne sais pas. Tu viens voir, Sophie?
— D'accord.

La chambre de Louise

— Il y a ta robe noire. Elle est très jolie.
— Oui, mais elle est trop petite.

— J'aime ton pantalon gris et ton pull bleu.
— Oui, moi aussi, mais mon pull est trop court.

— Ta jupe bleue?
— Non, je n'aime pas la couleur.
— Alors Louise, qu'est-ce que tu vas mettre?

20 minutes plus tard

— Mon jean, un T-shirt et mes baskets!

Une cassette en classe. Pas de panique!

Je n'ai rien à mettre!

a Ecoute la cassette.

b Note les vêtements.

Exemple: un jean

c

Madame! C'est trop rapide!

Pas de panique!

Méthode

Thème?

1 D'abord regarde! Il y a

a un titre/texte?   b une image/photo?   c une/des instructions?   d un exemple?

Je n'ai rien à mettre!

b Note les vêtements.

Exemple: un jean

2 Maintenant écoute! Quel est le thème?

les filles
le week-end
les vêtements

Encore des détails?

4 La cassette encore!

jean = moche/vieux
jupe = bleue, trop ...
pantalon = vert
T-shirt = rose
→ acheter des vêtements pour la boum

Détails ?

3 Ecoute encore une fois C'est logique?

jean
jupe
pantalon
T-shirt

Ah, oui.

Je comprends!

1 Monsieur? ... Mademoiselle?

a Ecoute et lis.

A
– Mademoiselle?
– Je cherche un pull rayé.
– Voilà!
– Ça, c'est joli! Je peux l'essayer?
– Bien sûr, les cabines d'essayage sont là-bas.
– Merci.

B
– Monsieur?
– Je cherche une chemise à carreaux.
– Voilà, Monsieur.
– Mmm ... c'est combien?
– 500 F monsieur.
– Merci, mais c'est trop cher et c'est trop long.

C
– Mademoiselle?
– Je cherche une robe noire.
– Voilà une robe très chic.
– Oui, mais la robe là-bas est très jolie aussi.
– Oui, c'est vrai.
– Je peux les essayer?
– Oui, mademoiselle. Les cabines d'essayage sont là-bas.

D
– Monsieur?
– Je cherche un pantalon multicolore.
– Voilà, monsieur.
– Je peux l'essayer?
– Bien sûr, les cabines d'essayage sont là-bas.
– Ça va, monsieur?
– Non, c'est trop court. Merci. Au revoir.

b A deux.
Conversation au magasin de vêtements.

2 Course aux cabines!

Jeu à 3.

Vêtements pour la boum:

Jette le dé et cherche tes vêtements!

Exemple: Je cherche un T-shirt jaune.

Puis va aux cabines.

FIN! Qu'est-ce que tu vas mettre? Je vais mettre un ..., une ... etc.

départ

Regarde! Passe un tour

C'est trop grand! Recule de 2 cases.

Les cabines sont occupées! Passe un tour

Cabines FIN!

Les cabines sont occupées! Passe un tour

Regarde! Passe un tour

C'est trop petit! Recule de 2 cases.

Regarde! Passe un tour

1 Bonne fête, Marie-Antoinette

Ecoute et lis.

1 1791, Paris – pendant la Révolution Française. Au Palais des Tuileries.

— Oh, là, là, ça ne va pas!
— Quoi, chérie?
— C'est ennuyeux ici aux Tuileries!

2 — Ecoute, j'ai une excellente idée. Nous allons faire un bal masqué!

3 — Oh Louis, que c'est chouette! Un bal masqué pour Marie-Antoinette! Quand, alors?
— Samedi prochain.
— D'accord, je vais inviter mes copains.

4 — Oyez! Oyez! Grand bal masqué aux Tuileries. Vous êtes invités.

Samedi 15 mars
Grand Bal masqué
de Louis XVI
et Marie-Antoinette
de 7h30 à minuit
au Palais des Tuileries
R.S.V.P.

5 Vendredi 14 mars
— ... et vous allez acheter beaucoup de fraises, le fruit préféré de Louis Seize ...
... et demain je vais acheter le pain.

6 Samedi matin
— Désolé, Marie-Antoinette. A Paris il n'y a pas de baguette!
— Tant pis, c'est moche! Nous allons manger des brioches.

Un bal masqué – quelle joie, quelle fête!

Attention! Sinon, tu vas perdre la tête!

2 Oh ma liste!
Copie et complète la liste d'achats.

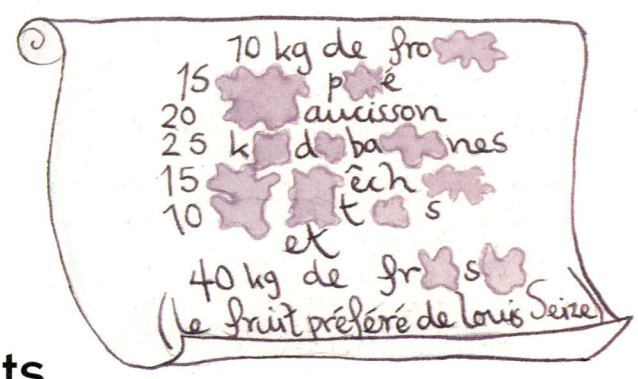

3 Au magasin de vêtements
Aide Louis et Marie-Antoinette.
Recopie et remplis les blancs.

violette	Oh non, ce _____ est trop long!
à carreaux	Et ce collant est trop _____ .
court	Une cravate _____ .
collant	Je peux l'essayer?
rayée	Je cherche une jupe _____ .
jean	Ah oui, ça va, c'est très beau.
vert	Et ça aussi, c'est chouette.
grand	Une jolie robe _____ .
pantalon	

4 En groupes
Répétez la scène.

5 Un peu de recherche
Tu vas chercher des informations sur Marie-Antoinette et Louis XVI … et la Révolution Française.

Porte ouverte!
Une boum au collège

porte ouverte

- Imagine! Tu vas faire une boum au collège avec tes copains.
- En groupes: discutez. Qui va : faire les courses?
  écrire les invitations?
  faire les posters?

... demain je vais acheter le pain.

- Fais des listes.
- Faites des dialogues aux magasins (Voir les pages 86-87 et 98)
- Dessine un poster

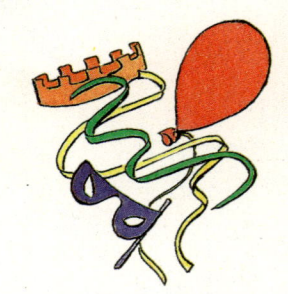

C'est quand?   A quelle heure?   C'est combien?   Pour quel organisme de charité?

Discute – Qu'est-ce que tu vas mettre?
- Imagine aussi: c'est un bal masqué ou une exposition de mode? (Voir les pages 100–101 ou 94–95)
  Décris les vêtements!

Sommaire
Shopping for food and drink.

Un paquet de biscuits,		A packet of biscuits,	
Un kilo d'oranges,		A kilo of oranges,	
Un demi-kilo de fraises,		Half a kilo of strawberries,	
Une baguette,	s'il vous plaît.	A loaf of bread,	please.
Une portion de pizza,		A portion of pizza,	
Une bouteille d'eau minérale,		A bottle of mineral water,	
250 grammes de saucisson,		250 grammes of salami,	
200 grammes de pâté,		200 grammes of pâté,	

41 page 85

cent deux

Asking how much, saying that's all and goodbye.

Ça fait combien?	How much is that?
(Oui,) c'est tout.	(Yes,) that's all.
Merci, au revoir.	Thank you, goodbye.

Asking about what you are going to do and saying what I am going to do.

Qu'est-ce que tu vas faire?		What are you going to do?	
Qu'est-ce que tu vas mettre?		What are you going to wear?	
Je vais	enregistrer la musique.	I'm going to	record the music.
	écrire les invitations.		write the invitations.
	faire les courses.		do the shopping.
Nous allons faire une boum.		We're going to throw a party.	

Talking about clothes.

Je vais mettre	mon	T-shirt bleu.	I'm going to wear	my	blue T-shirt.
		collant multicolore.			multi-coloured tights.
	ma	jupe verte.			green skirt.
	mes	chaussures violettes.			purple shoes.
		chaussettes roses.			pink socks.

47/48
pages 94/95

Buying and commenting on clothes.

Je cherche	un pull à carreaux.	I'm looking for	a checked jumper.
	une robe rayée.		a striped dress.
	des chaussures beiges.		beige shoes.
Je peux	l'essayer?	Can I try	it on?
	les essayer?		them on?
Oui, ça va. C'est combien?		Yes, OK. How much is that?	
Non, c'est trop	long.	No, it's/they're too	long.
	court.		short.

cent trois

6 Retour vers le Passé

1 Visite à Lascaux

2 La famille Laroche

3 Salut! C'est nous!

EN CLASSE

porte ouverte

1 Visite à Lascaux

1 La grotte de Lascaux

1 Lascaux est en Dordogne dans le sud-ouest de la France.

2 Des milliers de touristes visitent la grotte de Lascaux.

3 Ils regardent les dessins préhistoriques à l'intérieur de la grotte.

2 La visite aux grottes

a Ecoute et regarde.
b Mets dans le bon ordre.

BERGERAC

LASCAUX

LES GROTTES DE LASCAUX

MUSÉE

c Relie.
Lis les phrases et regarde les photos.

1 D'abord nous avons vu un film sur les grottes de Lascaux.

2 Puis, nous avons visité le musée. Moi, j'ai préféré les grottes.

3 En route nous avons fait un pique-nique à Bergerac.

4 A deux heures et demie nous avons fait la visite des grottes. J'ai vu les dessins aux murs.

5 Nous sommes rentrés à Albi à six heures et demie – très fatigués mais très contents.

6 Enfin nous sommes arrivés à Lascaux.

7 Je suis arrivée très tôt au collège. Nous sommes partis en car à sept heures et demie.

8 Après la visite du musée, nous sommes allés au magasin de souvenirs. Là j'ai acheté des cartes postales.

d A deux.
C'est quelle image?
Regardez les photos encore et faites des dialogues.
Exemple:

Nous sommes partis en car à 7h 30.

G!

RAPPEL

J'ai acheté des cartes postales.
Je suis arrivé à 7h30 au collège.

Je suis arrivé[e] à 7h15.
J'ai acheté des souvenirs.

Nous avons vu un film.
visité le musée.
fait un pique-nique.
Nous sommes parti[s] en car.
rentré[s] à 18h 30.

voir Module 1 pages 22 et 23.

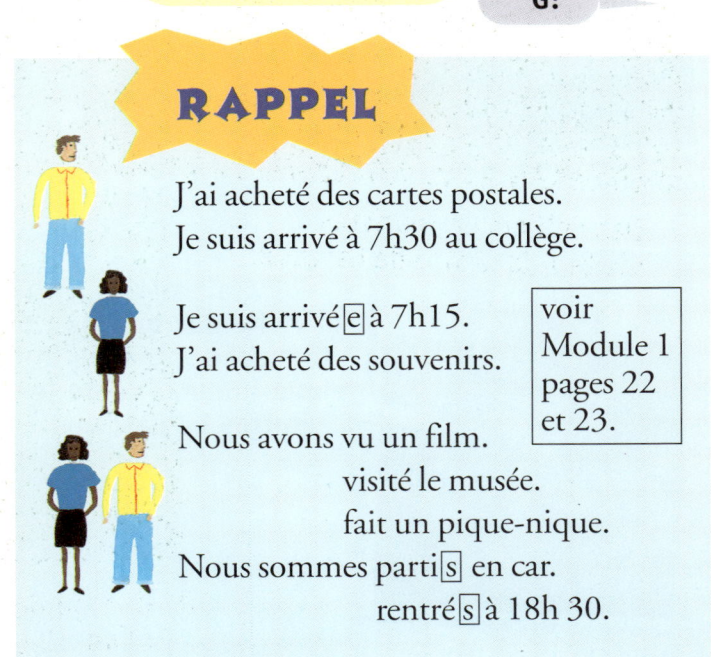

cent cinq 105

1 La visite, c'était comment?

a 🔊 Ecoute et lis.
Qui parle?

b Note les détails.

Olivier: C'était ennuyeux la visite. D'abord le pique-nique ... puis le film ... c'était très ennuyeux!

Louise: Bof, c'était pas mal. Nous sommes partis très tôt et nous sommes rentrés à 18h 30. C'était trop long ... mais la visite aux grottes était assez bien ...

Sophie: Bof! La visite à Lascaux, c'était moche! Le pique-nique et le film ... et la visite au musée. Nous sommes partis tôt et nous sommes rentrés tard.

Sandrine: C'était super, la visite à Lascaux ... très excitant, le film et le musée. Le pique-nique était un peu ennuyeux, mais ....

Frédéric: C'était super ... la visite aux grottes ... le musée ... même le pique-nique. J'adore les grottes de Lascaux!

2 A deux.
Faites des dialogues.
Choisissez les détails.
Exemple:

A: Je suis allé(e) au cinéma.
concert.
musée.
parc d'attractions.

B: C'était comment?

A: C'était super.
fantastique.
très bien.
pas mal.
moche.

B: Pourquoi?

A: C'était très intéressant.
passionnant.
assez bien.
trop long.
très ennuyeux.

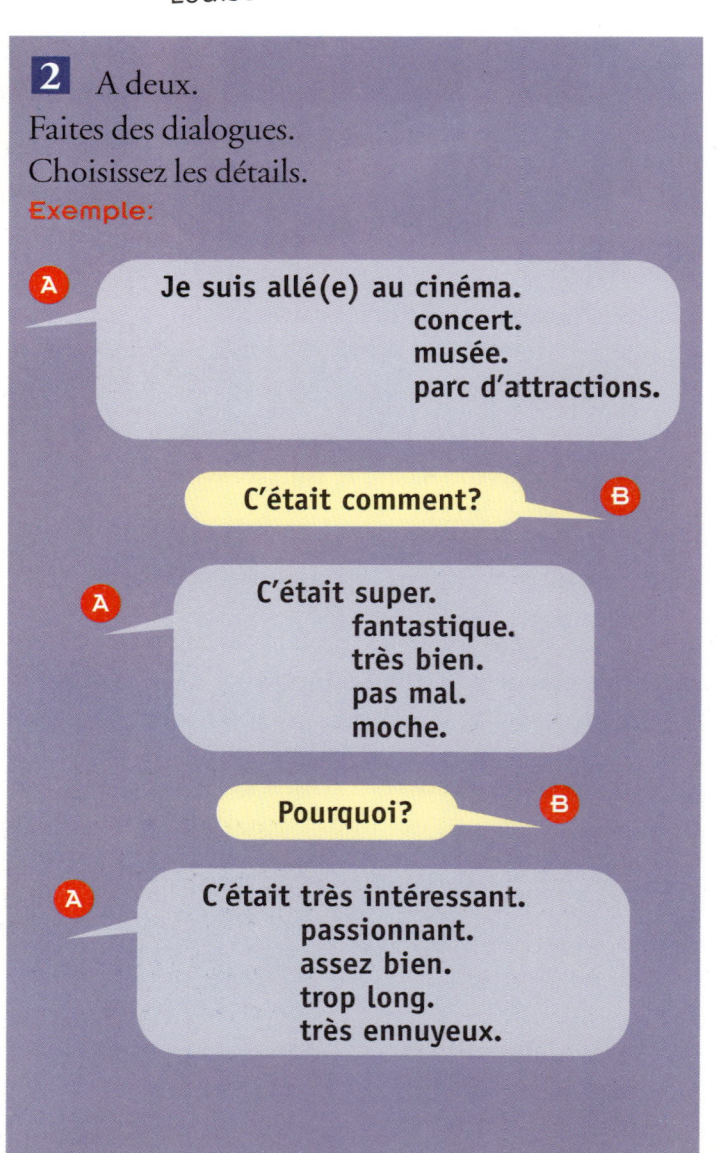

2 Journal Lascaux

Lis les notes et la description.

- aujourd'hui : allée à Lascaux avec la classe
- partis en car à 7h 30
- pique-nique à Bergerac
- arrivés à Lascaux 13h 30
- film sur les grottes
- visité les grottes : fantastique !
- acheté 2 cartes postales au magasin de souvenirs
  Belle visite !!

Journal de Sandrine

Journal Lascaux

Aujourd'hui je suis allée à Lascaux avec la classe. Nous sommes partis en car à sept heures et demie. En route nous avons fait un pique-nique à Bergerac mais c'était très long, puis nous sommes arrivés à Lascaux à une heure et demie.

D'abord nous avons vu un film sur l'histoire des grottes de Lascaux. Puis nous avons visité les grottes. C'était fantastique !

Ensuite j'ai acheté deux cartes postales au magasin de souvenirs.

Nous sommes rentrés a 6h30 du soir. C'était passionnant !

3 A toi !

Lis les notes et écris la bonne description.

- arrivé(e) au collège 7h : très tôt !
- pique-nique à Bergerac : super !
- à Lascaux : vu un film sur les grottes – intéressant
- visité le musée : un peu ennuyeux
- allé(e) au magasin de souvenirs : acheté 3 cartes postales et des souvenirs.
  Super !!

2 La famille Laroche

Chez nous!

a Ecoute et lis.

L'année 10.000 avant Jésus Christ ...

1 Salut! Je m'appelle 'Rocky' Laroche et ...

2 j'habite à Lascaux. C'est un petit village touristique dans le sud-ouest de la France ... dans la vallée de la Dordogne.

3 A Lascaux il y a la piscine, le stade et ... le parc préhistorique. Très moderne, n'est-ce pas?

4 ... et voilà l'église. J'adore les dessins. C'est beau, hein?

5 Voici ma maison ... et voici mon père

6 Bonjour. Je m'appelle Pierre. J'aime aller à la pêche ... et quelquefois je fais la cuisine!

7 C'est pas vrai, Pierre! Je fais la cuisine tous les jours. J'adore ça!

Ça, c'est ma mère, Pierrette.

8 Salut! Je m'appelle Diamant. J'aime faire du cheval ... mais je n'aime pas passer l'aspirateur!

Voilà ma sœur.

Moi non plus!

108   cent huit

**Moi, je ne fais jamais le ménage.
J'aime aller à la discothèque avec mes copains.
Je préfère la musique 'rock', bien sûr**

C'est super ici, à Lascaux!!

b A deux.
Fais l'interview de Rocky.
Voici les questions.

Tu t'appelles comment?

*Tu habites où?
Qu'est-ce qu'il y a dans ton village?*

Tu fais le ménage chez toi?

Qu'est-ce que tu aimes faire?

Tu aimes habiter à Lascaux?

c Vrai ou faux?
1 Lascaux est un petit village tranquille.
2 C'est près de la Dordogne dans le sud-ouest de la France.
3 Il n'y a pas de stade.
4 Rocky adore le décor de l'église.
5 Pierre préfère aller à la pêche.
6 Monsieur et Madame Laroche font la cuisine.
7 Diamant est la mère de Rocky.
8 Rocky ne fait jamais le ménage.
9 Rocky et les copains, ils écoutent de la musique dans la Salle des Bêtes.
10 Il n'aime pas habiter à Lascaux.

EXTRA

d Corrige les erreurs!

RAPPEL

J'habit[e] à Lascaux.

Il/elle habit[e] à Lascaux.

Il/elles écout[ent] de la musique.

Diamant [est] la soeur de Rocky.

voir les pages 124–125

Je fai[s] la cuisine.

Il/elle fai[t] le ménage.

Ils/elles [font] la cuisine.

Entre-temps …

La découverte de Lascaux – 12 Septembre 1940

Quatre garçons faisaient une promenade dans le bois de Lascaux en Dordogne, quand ils ont vu un trou. Ils ont décidé d'explorer le trou mais ils sont tombés dans une galerie souterraine décorée d'animaux peints.

Dès le 21 septembre deux grands spécialistes de la Préhistoire sont venus visiter la grotte. Ils ont déclaré que les animaux de Lascaux étaient bien des peintures préhistoriques.

Au camp préhistorique

Il y a 12.000 ans dans un camp de chasseurs préhistoriques

Relie la phrase et le dessin.

Exemple: 1 = ?

1 Elles font la cuisine.
2 Ils font des outils.
3 Ils chassent les animaux.
4 Elle fait le feu.
5 Il fait la couture.
6 Il répare la tente.

Les dinosaures

Les scientifiques ont identifié 600 espèces de dinosaures.
En Grec leur nom signifie 'terrible lézard'.
Tu sais prononcer les noms des dinosaures? Vas-y, amuse-toi!

Je suis le roi

Tyrannosaure

J'ai faim

DEFENSE DE TOUCHER

Stégosaure

Diplodocus

VIVENT LES VÉGÉTARIENS

Je préfère un bifteck

Oviraptor

Tricératops

Les dinosaures ont régné sur la terre pendant une période très longue: 165 millions d'années.

L'histoire de l'homme est très courte: 5 millions d'années.

Il y a 225 millions d'années   Il y a 64 millions d'années   Il y a 5 millions d'années

Mon os est au musée!
(île de Wight, Grande Bretagne) Jake a déterré un os de 1,20 mètre de long. C'était un os d'iguanodon, un grand dinosaure d'il y a 118 millons d'années.

C'est vieux, mais c'est délicieux!

Le plus grand, le plus petit.

Brachiosaure : le poids de 15 éléphants

Comsognathus : le poids d'un chat domestique

cent onze 111

1 Le rêve de Sandrine

a 🔊 Ecoute et lis.

Sandrine fait des recherches sur les grottes de Lascaux. Mais … elle est malade …

— Sandrine! Sandrine!
— Frédéric? Mais … nous sommes où?
— Je ne sais pas … A Lascaux?

— Salut les gars!! … Oh là là, Sandrine! Ça ne va pas?
— C'est Rocky Laroche!!

— Tu veux aller à la discothèque?
— Non, merci. J'ai mal à la tête.
— Mais non Rocky! … Tu veux faire du cheval, Sandrine?

— Tu es malade? J'ai une idée! Nous allons faire une boum samedi … pour Sandrine!
— Une boum … pour moi?
— Chouette!
— Ouais!! Je vais inviter les copains. Frédéric, tu vas faire les courses samedi?
— Euh … oui … d'accord.

— Où sont les magasins?
— Tout droit, première à droite … près du stade.

Magasins
Stade de Lascaux
Samedi matin …

… au marché …
… 2 kilos de fraises …

… à la charcuterie …
— Voilà, monsieur. 500g de pâté. C'est tout?

… au magasin de vêtements …
— Je peux l'essayer?

Samedi soir …

Allez les gars! … à la boum!

Sandrine! Sandrine!

Frédéric? Tu as fait les courses pour la boum?

La boum? ça va pas?

Ah, c'était un rêve… Oui, ça va merci.

b Copie et complète.

A
1 Tu veux aller …..
2 Tu veux ….. du cheval?

B
1 Nous ………. samedi.
2 Je ………. copains.
3 Tu ………. samedi?

RAPPEL

Je veux } écouter de la musique (?)
Tu veux } écrire les invitations (?)

Je vais } écouter de la musique (?)
Tu vas } écrire les invitations (?)
Nous allons }

2 À toi!
Invente d'autres phrases.
Exemple:
Je vais jouer au foot.
Tu veux jouer au foot?
etc.

3 Imaginez!
Faites les dialogues de Frédéric.
Exemple:
A: Deux kilos de fraises.
B: Voilà monsieur … et avec ça?
A: Un demi kilo de …

… au marché …

… à la charcuterie …

… au magasin de vêtements …

RAPPEL
page 86 Module 5
page 98 Module 5

4 En scène
En groupes:
répétez 'Le rêve de Sandrine'

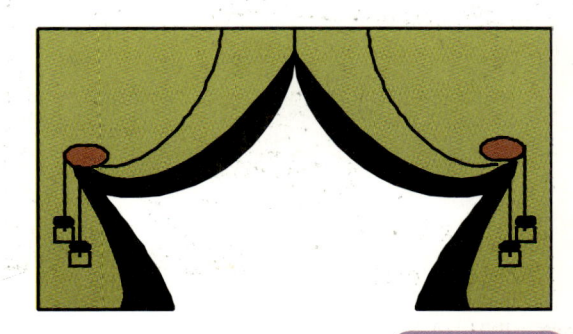

L'Anniversaire de Marie-Claire

Ecoute et lis.

1
Marie-Claire! Marie-Claire!
Tu sais que je t'adore, Marie-Claire!
Lundi je suis allé
Au salon de beauté.
Le 12 juillet, c'est ton anniversaire.

2
Marie-Claire! Marie-Claire!
Tu sais que je t'adore, Marie-Claire!
Je pense que je vais mettre
Mes chaussettes violettes.
Le 12 juillet, c'est ton anniversaire.

Refrain
Les boums! Les surprise-parties!
Les pizzas, les gâteaux et les biscuits!
De l'orangina!
Des copains sympas!
De la musique qui joue toute la nuit!

3
Marie-Claire! Marie-Claire!
Tu sais que je t'adore, Marie-Claire!
Je porte un beau chapeau
Mon chapeau à grands carreaux.
Le 12 juillet, c'est ton anniversaire.

4
Marie-Claire! Marie-Claire!
Tu sais que je t'adore, Marie-Claire!
Mon petit frère, François
Va venir avec moi.
Le 12 juillet, c'est ton anniversaire.

Refrain

5
Marie-Claire! Marie-Claire!
Tu sais que je t'adore, Marie-Claire!
T'as pas téléphoné,
Tout seul je vais pleurer,
Car tu m'as oublié, chère Marie-Claire.

Refrain

Comment ça se prononce?
Le rap de Lascaux

a Ecoute et lis.
b Répète.

Je m'appelle Pierre et j'habite à Lascaux.
J'aime jouer au foot et faire du vélo.
Je fais de la pêche avec mes copains.
Et le soir dans la grotte je fais des dessins.

c Ecoute et lis à haute voix.

Je fais les achats au supermarché.
Puis je vais au café pour prendre un thé.
Il n'y a pas de cours, pas de devoirs.
Tu viens pas à Lascaux?
Alors, au revoir.

d Ecoute le rythme et fais le rap de Lascaux.

cent quinze 115

3 Salut! C'est nous!

Que faites-vous?

🔊 Ecoute et lis.

Nous les copains

Chez Sandrine

— Que fais-tu, Sandrine?
— Chut! J'enregistre une interview avec Frédéric.

Chez Olivier

— C'est pas vrai, Olivier, que fais-tu?
— Je fais une collection.

Chez Louise

— C'est très tranquille ici! Que fais-tu, Louise?
— Je dessine un plan de la maison.

dans la rue

— Que faites-vous?
— Nous faisons une vidéo de la ville.

Chez Sandrine

— Que faites-vous, les jeunes?
— Nous faisons un collage.
— Moi, je fais un photo-montage.

— C'est très bien mais POURQUOI?
— Nous préparons une capsule pour l'avenir.

116 cent seize

1 Interviews à Lascaux

a 🎞 Ecoute et regarde. Qui parle et en quel ordre?

b Quel est le thème?
a les sports préhistoriques.
b les animaux préhistoriques.
c une capsule préhistorique pour l'avenir.
d la musique préhistorique.

c Note les détails.

2 À vous!

Jouez le rôle des habitants de Lascaux et faites des interviews.
Exemple:

> F. Que fais-tu?
>
> Je prends une photo.
>
> A. Que faites-vous?.
>
> Nous …

1 Voilà, monsieur!

a 🔊 Ecoute et lis.

LA CLASSE D'ENFER

- TU VEUX ÉCRIRE?
- NON, JE VEUX DESSINER
- JE VEUX ENREGISTRER!
- MOI AUSSI! MONSIEUR, JE PEUX EMPRUNTER UNE CASSETTE?
- DANS LA COUR TU COMMENCES?
- OUI, JE COMMENCE!
- MOI! JE COMMENCE!
- TU VEUX PARLER?
- PARDON?
- TU POSES LES QUESTIONS?
- OUI, BIEN SÛR!... TU T'APPELLES COMMENT? .... HI! HI! HI!
- EN CLASSE QUEL DÉSASTRE!
- VOILÀ, MONSIEUR!

b Comment dit-on?

1   2   3
4   5   6

118 cent dix-huit

2 Recherche encore!

Oh, non!

Pas de panique!

A toi!
Et le dimanche chez toi?
Fais une description

Méthode

1 Regarde les deux premières pages de Passe-partout.
   Trouve les bons modules.

   Exemple:

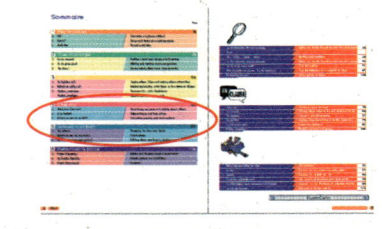

2 a Trouve les bon objectifs.

   Exemple:

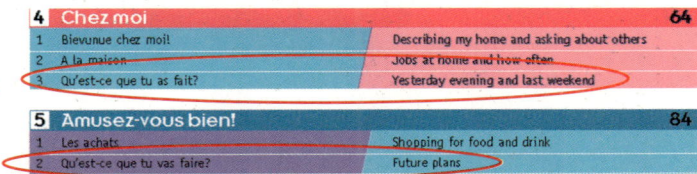

   b Trouve les bonnes pages dans ton cahier.

3 a Regarde le sommaire du module.
   b Trouve la bonne fiche ou la bonne page dans ton cahier.

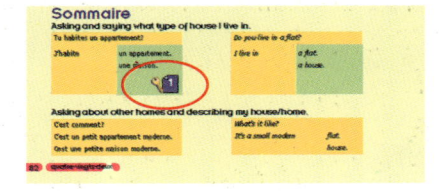

4 Encore des détails.

Comment dit-on 'On Sundays I play tennis'?

Comment dit-on 'Next Sunday I'm going to play tennis'?

Comment dit-on 'Last Sunday I played tennis'?

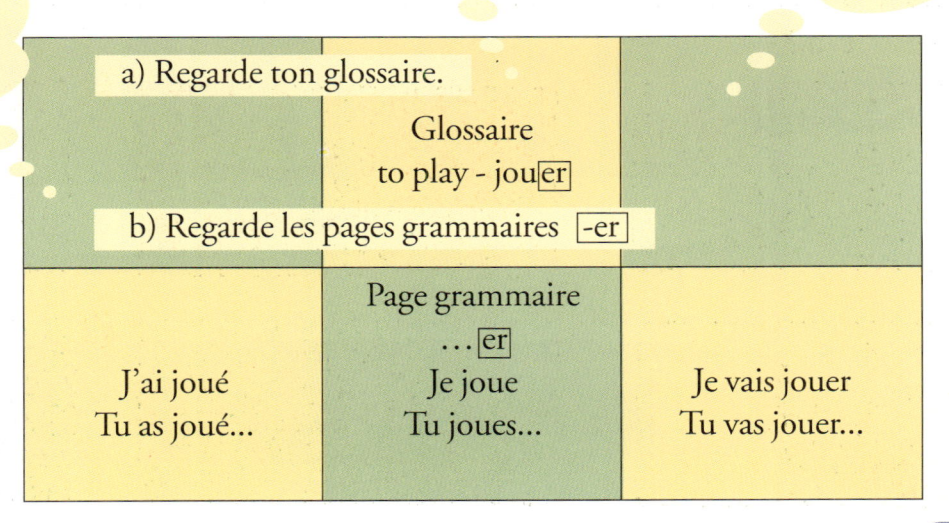

	a) Regarde ton glossaire.	
	Glossaire to play - jou[er]	
	b) Regarde les pages grammaires [-er]	
J'ai joué Tu as joué...	Page grammaire ...[er] Je joue Tu joues...	Je vais jouer Tu vas jouer...

cent dix-neuf 119

1 Une capsule pour l'avenir
Le journal: samedi dernier

a Ecoute et lis.

> Je m'appelle Sandrine! Samedi dernier je suis allée en ville avec mes copains et nous avons fait des courses ... j'ai acheté un pull rayé: 120F. ... L'après-midi, nous sommes restés chez moi et nous avons regardé le Tour de France à la télé. Chouette! ... Le soir ... nous avons mangé chez moi (pizza et frites) puis nous sommes sortis ... nous avons vu un film de Dracula au cinéma!

b Corrige les erreurs.

Samedi dernier:
- Je suis allé en ville avec mes parents.
- J'ai acheté un T-shirt blanc.
- A midi nous sommes arrivés chez toi.
- Nous avons regardé un match de foot à la télé.
- A six heures nous avons mangé chez toi.
- Nous sommes restés à la maison.
- Nous avons vu une vidéo de Dracula.

2 L'interview

a Ecoute l'interview.
b Fais des notes.

Exemple:
fais devoirs, ..., ...

Qu'est-ce que tu fais le soir?

Qu'est-ce que tu aimes faire le soir?

Qu'est-ce que tu vas faire le soir?

3 Photo-montage

a Lis les textes.
b Choisis les bonnes photos.
Exemple: 1 = ?

1 J'habite à Albi. C'est une assez grande ville. Il y a des magasins, un marché, une cathédrale et un musée intéressant.

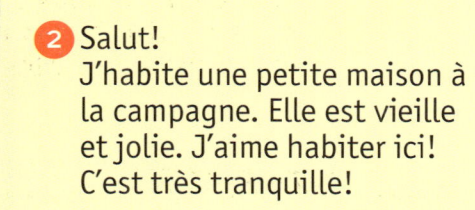

2 Salut! J'habite une petite maison à la campagne. Elle est vieille et jolie. J'aime habiter ici! C'est très tranquille!

3 Moi, j'habite un grand appartement en ville. Je n'aime pas habiter ici parce que je n'ai pas de jardin et je n'ai pas d'animal.

Porte ouverte!
Capsule pour l'avenir!

A TOI!
1 Ecris au moins une description.
Exemple: Famille/Ville/Village etc.

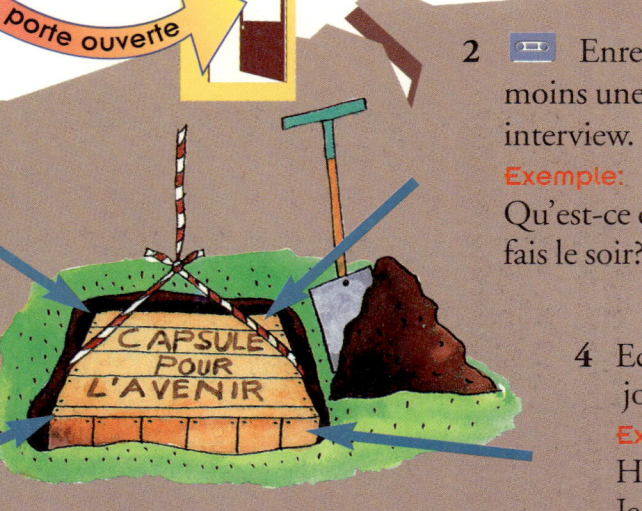

AVEC TES COPAINS
3 Fais un plan / un collage / un photo-montage
Exemple: Maison/Animaux etc.

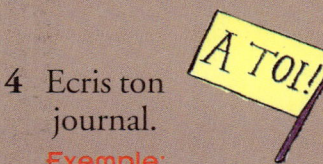

AVEC TES COPAINS
2 Enregistre au moins une interview.
Exemple: Qu'est-ce que tu fais le soir? etc.

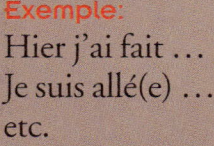

A TOI!
4 Ecris ton journal.
Exemple: Hier j'ai fait … Je suis allé(e) … etc.

N'oublie pas 'La classe d'enfer' page 118 et 'Recherche encore!' page 119.

cent vingt et un

Sommaire

Asking and talking about what I and others have done.

Qu'est-ce que	tu as fait	hier soir?
	vous avez fait	samedi dernier?
J'ai Nous avons	acheté des souvenirs. fait une visite. vu un film.	
Je suis	allé(e) au parc d'attractions. arrivé(e) à 7h15.	
Nous sommes	rentré(e)s à 18h30. parti(e)s en car.	

What	did you do	yesterday evening? last Saturday?
I We	bought some souvenirs. went on a visit. saw a film.	
I We	went to the theme park. arrived at 7.15. came back at 18.30. went by coach.	

Asking and giving an opinion about something I and others have done.

C'était comment?
C'était fantastique!
     passionnant!
     très ennuyeux!
     trop long!
     assez bien!

What was it like?
It was great!
     exciting!
     very boring!
     too long!
     quite good!

Asking and talking about what I and others do.

Que	fais-tu faites-vous?	le soir?
Je	regarde la télé. vais en ville. fais la cuisine.	
Nous	regardons une vidéo. allons au cinéma. faisons les devoirs.	

What	do you do in the evening?
I	watch T.V. go into town. do the cooking.
We	watch a video. go to the cinema. do homework.

cent vingt-deux

Asking and talking about what I and others are going to do.

Qu'est-ce que	tu vas faire ce soir?
	vous allez faire demain?

Je vais	jouer au foot.
Nous allons	faire les courses.
	voir un film.

What are you going to do	this evening?
	tomorrow?

I am going	to play football.
We are going	to do some shopping.
	to see a film.

Asking and talking about what I and others want and like to do.

Qu'est-ce que tu	veux faire?
	aimes faire?

Je veux	aller à la piscine.
J'aime	écouter mes CD.
Je préfère	lire un magazine.
	faire de la natation.
	voir mes copains.

What do you	want to do?
	like doing?

I want	to go to the swimming pool.
I like	to listen to my CDs.
I prefer	to read a magazine.
	to go swimming.
	to see my friends.

Describing people and places.

C'est un petit village touristique.	
C'est une grande ville moderne.	

Il y a	le stade.
	la piscine.
	les magasins.

Voici	mon père.
	ma mère.
	mes copains.

Il / Elle	est	grand.
		grande.
Ils / Elles	sont	fantastiques.

It's a small, touristy village.		
It's a big, modern town.		

There	is	the stadium.
		the swimming pool.
	are	shops.

Here	is	my father.
		my mother.
	are	my friends.

He / She	is tall.
They are fantastic!	

cent vingt-trois

Grammaire

ATTENTION!

Page

Module 1
je suis + verbes	6
nous sommes + verbes	9
tu es/vous êtes + verbes	13
j'ai + verbes	15
nous avons + verbes	18

Module 2
tu veux + l'infinitif	31
il/elle est/a + verbes	35
ils/elles sont/ont + verbes	38, 41

Module 3
adjectifs	46
au/à la/à l'/aux	53

Module 4
adjectifs	65
le/il la/elle	66
un/le une/la	69
mon/ton ma/ta	74
ne … jamais	75

Module 5
je vais/tu vas + l'infinitif	89
nous allons/vous allez + l'infinitif	91
adjectifs	95

Module 6 — Rappel
je suis/j'ai / nous sommes/nous avons + verbes	105
je / il / elle / ils / elles + verbes	109
je/tu veux/je vais/nous allons + l'infinitif	113

je	I
tu	you
il	he/it
elle	she/it
nous	we
vous	you
ils	they
elles	they

aller – to go

je vais – I am going
tu vas
il va
elle va
nous allons
vous allez
ils vont
elles vont

avoir – to have

j'ai – I have
tu as
il a
elle a
nous avons
vous avez
ils ont
elles ont

être – to be

je suis
tu es
il est
elle est
nous sommes
vous êtes
ils sont
elles sont

faire – to do, to make

je fais
tu fais
il fait
elle fait
nous faisons
vous faites
ils font
elles font

regarder – to watch, to look at

je regard**e** – I watch	je **ne** regard**e** **pas** – I don't watch	j'ai regardé – I watched
tu regard**es**	tu **ne** regard**es** **pas**	tu as regardé
il regard**e**	il **ne** regard**e** **pas**	il a regardé
elle regard**e**	elle **ne** regard**e** **pas**	elle a regardé
nous regard**ons**	nous **ne** regard**ons** **pas**	nous avons regardé
vous regard**ez**	vous **ne** regard**ez** **pas**	vous avez regardé
ils regard**ent**	ils **ne** regard**ent** **pas**	ils ont regardé
elles regard**ent**	elles **ne** regard**ent** **pas**	elles ont regardé

je suis arrivé(e) – I arrived
tu es arrivé(e)
il est arrivé
elle est arrivée
nous sommes arrivé(e)s
vous êtes arrivé(e)(s)
ils sont arrivés
elles sont arrivées

je suis parti(e) – I left
tu es parti(e)
il est parti
elle est partie
nous sommes parti(e)s
vous êtes parti(e)(s)
ils sont partis
elles sont parties

j'ai acheté – I bought
j'ai joué – I played
j'ai visité – I visited
j'ai bu – I drank
j'ai fait – I did
j'ai pris – I took
j'ai vu – I saw
etc

Glossaire
Vocabulaire français – anglais

A

	à	at, in, to
d'	accord	alright, OK
	achats (m.pl.)	shopping, items bought
	acheter	to buy
	adorer	to love, adore
	Afrique (f.)	Africa
	âge (m.)	age
	agenda (m.)	diary
	aide-mémoire (m.)	reminder
	aider	to help
	aïe!	ouch!
	aimer	to like, love
	Allemagne (f.)	Germany
	aller	to go
	alors	well, then
	Amérique (f.)	America
	amour (m.)	love
	amusant(e)	fun, funny
s'	amuser	to enjoy oneself
	an (m.)	year
	anglais (m.)	English
	Angleterre (f.)	England
	année (f.)	year
	anniversaire (m.)	birthday
	août	August
	appartement (m.)	flat
s'	appeler	to be called
Bon	appétit!	Have a nice meal!
	apprendre	to learn
	après	after
	après-midi (m.)	afternoon
	argent (m.)	money
	armoire (f.)	cupboard
	arrêter	to stop
	arrivée (f.)	arrival
	arriver	to arrive
passer l'	aspirateur	to vacuum
	assez	quite; fairly; enough
	assis(e)	seated
	attendre	to wait
	attention!	watch out! pay attention!
	au (pl. aux)	at, in, to
	aujourd'hui	today
	aussi	as well, also, too
	autre	other
	Autriche (f.)	Austria
	avancer	to go forward
	avant	before
	avant-hier	day before yesterday
	avec	with
	avenir (m.)	the future
	avoir	to have
	avril	April

B

	baby-foot (m.)	table football
	baguette (f.)	stick of French bread
	bain (m.)	bath
	bal (m.)	dance
	bal (m.) masqué	fancy dress party
	ballon (m.)	ball; balloon
	ballon (m.) à air chaud	hot air balloon
	banane (f.)	banana
	bande (f.) dessinée	cartoon
	banque (f.)	bank
	basket (m.)	basketball
	baskets (f.pl.)	trainers
	bataille (f.)	battle
	beau	lovely
	beaucoup	a lot
	belge	Belgian
	Belgique (f.)	Belgium
	bête (f.)	animal
	bibliothèque (f.)	library
	bien	well, good
	bien sûr	of course
	bientôt	soon
à	bientôt	see you soon
	bienvenue	welcome
	billet (m.)	ticket
	blague (f.)	joke
	blanc (blanche)	white
	bleu(e)	blue
	boire	to drink
	bois (m.)	wood
	bol (m.)	bowl
	Bon appétit!	Enjoy your meal!
	bon(ne)	good; right
	bonjour	hello
	Bonne fête!	Have a good time!
	bord (m.)	side
au	bord de	beside
	boulangerie (f.)	baker's
	boum (f.)	party
	bouteille (f.)	bottle
	bowling (m.)	ten-pin bowling
	bras (m.)	arm
	bravo!	well done!
	brioche (f.)	(type of) bread, bun
il fait du	brouillard	it's foggy
	brun(e)	brown
	bulle (f.)	(speech) bubble
	bureau (m.)	office

C

	c'est	it is
	c'était	it was
	ça	that; this
	ça ne va pas	I'm not well
	ça suffit!	Enough!
	ça va	I'm OK
	ça va?	How are you?
	cabine (f.) d'essayage	changing room

	caché(e)	hidden	colle (f.)	glue
	café (m.)	café; coffee	collège (m.)	school
	cafétéria (m.)	cafeteria	coller	to stick
	cahier (m.)	exercise book	colline (f.)	hill
	campagne (f.)	countryside	colorier	to colour in
	camping (m.)	campsite	combien?	how many?
	canoë-kayak (m.)	canoeing	comme	as; like
	capitale (f.)	capital city	commencer	to start
	car (m.)	coach	comment?	how?; what?
	carré(e)	square	commissariat (m.)	police station
à	carreaux	checked	commode (f.)	chest of drawers
	carte (f.)	map; card	compléter	to complete
	carte (f.) postale	postcard	comprendre	to understand
	cartes (f.pl.)	cards	confortable	comfortable
	cascade (f.)	waterfall	content(e)	pleased, happy
	case (f.)	square (in a board game); box	continuer	to continue
			copain (m.),	
	casser	to break	copine (f.)	friend
	cathédrale (f.)	cathedral	copier	to copy
	ce/cet (cette)	this; that	correspondre à	to match
	célèbre	famous	corriger	to correct
	centre (m.) commercial	shopping centre	couleur (f.)	colour
	centre (m.) sportif	sports centre	couper	to cut
	chambre (f.)	bedroom	cour (f.)	yard
bonne	chance!	good luck!	cours (m.)	lesson
	chaque	each	faire les courses	to go shopping
	charcuterie (f.)	delicatessen	couture (f.)	sewing
	chasser	to hunt	cravate (f.)	tie
	chasseur (m.)	hunter	crayon (m.)	pencil
	chat (m.)	cat (male)	crier	to shout
	château (m.)	castle	faire la cuisine	to cook
il fait	chaud	it's hot	cuisine (f.)	kitchen
	chaussette (f.)	sock		
	chaussure (f.)	shoe		
	chemise (f.)	shirt	**D**	
	Cher (Chère) …	Dear… (at beginning of letters)	d'abord	first
			d'accord	OK, agreed
	cher (chère)	expensive	dans	in(to)
	chercher	to look for	danser	to dance
	cheval (m.)	horse	de	of; from
	chez	at ….'s house	dé (m.)	dice
	chic	great; smart	débarrasser la table	to clear the table
	chips (m.pl.)	crisps	décor (m.)	decor
	chocolat (m.)	chocolate	décoré(e)	decorated
	choisir	to choose	découvert(e)	discovered
	choix (m.)	choice	découverte (f.)	discovery
	chouette!	great!	découvrir	to discover
	chut!	ssshhh!	décrire	to describe
	cinéma (m.)	cinema	délicieux (délicieuse)	delicious
	cinq	five	demain	tomorrow
	cinquante	fifty	demander	to ask
	ciseaux (m.pl.)	scissors	demi(e)	half
	citron (m.)	lemon	demi-kilo (m.)	half a kilo
	clair(e)	clear	dent (f.)	tooth
	classe (f.)	class	départ (m.)	departure
	clef (f.)	key	derrière	behind
	coca (m.)	coke	dès	from; since
	cocher	to tick	désastre (m.)	disaster
	cœur (m.)	heart	désolé(e)	sorry
	collant (m.)	tights	dessin (m.)	art

	dessiner	to draw
	détail (m.)	detail
	détective (m.)	detective
	déterrer	to unearth
	détester	to hate
à	deux	in pairs
	deux	two
	deuxième	second
	devant	in front of
	devoirs (m.pl.)	homework
	dictionnaire (m.)	dictionary
	difficile	difficult
	dimanche	Sunday
	dire	to say
	directrice (f.)	headteacher (woman)
	dis donc!	Goodness!
	discothèque (f.)	disco
	discuter	to discuss
	disputer	to argue
	dix-huit	eighteen
	doigt (m.)	finger
	dommage (m.)	pity
	donner	to give
	dos (m.)	back
	doucement	gently; quietly
	douche (f.)	shower
	douzaine (f.)	dozen
	douze	twelve
tout	droit	straight on
à	droite	on the right

E

	eau (f.)	water
	eau (f.) minérale	mineral water
	Ecosse (f.)	Scotland
	écouter	to listen
	écrire	to write
	église (f.)	church
	emprunter	to borrow
	en	in
	encercler	to circle
	encore	again; more
	endroit (m.)	place
la classe d'	enfer (m.)	the class from Hell
	enfin	finally
	ennuyeux (ennuyeuse)	boring
	enregistrer	to record
je suis	enrhumé(e)	I have a cold
	ensuite	next, then
	entendre	to hear; understand
	entre-temps	meanwhile, in the meantime
	entrer dans	to go into
j'ai	envie	I want to
	erreur (f.)	mistake
	Espace (m.)	Space
	Espagne (f.)	Spain
	espèce (f.)	species; sort

	essayer	to try (on)
	est (m.)	east
	et	and
…	et demi(e)	half past …
	étagère (f.)	shelf; (set of) shelves
	être	to be
	exactement	exactly
je m'	excuse	excuse me, I'm sorry
	exemple (m.)	example
	explorer	to explore
	exposition (f.)	exhibition
	extra-terrestre (m.)	extraterrestrial
	extraordinaire	extraordinary

F

	faire	to do; make
	famille (f.)	family
	fanatique (m./f.)	fan
	fantastique	fantastic
	fatigué(e)	tired
	faux (fausse)	false
	fenêtre (f.)	window
	fer (m.) à repasser	iron (for clothes)
	ferme (f.)	farm
	feu (m.)	fire
	fiche (f.)	sheet; card
	fille (f.)	girl; daughter
	fin (f.)	end
	finalement	finally
	finir	to finish
	flamand(e)	Flemish
	fois (f.)	time
encore une	fois	once more; again
	foot (m.)	football
	forêt (f.)	forest
	fraise (f.)	strawberry
	français (m.)	French
	francophone	French-speaking
	fréquent(e)	frequent
	frite (f.)	chip
j'ai	froid	I'm cold
il fait	froid	it's cold
	fromage (m.)	cheese

G

	gagner	to win
	galerie (f.)	gallery
	garçon (m.)	boy
	garder	to look after
	gare (f.)	station
	gars (m.pl.)	lads, guys
	gâteau (m.)	cake
à	gauche	on the left
	gaufre (f.)	waffle
	glace (f.)	ice-cream
	glossaire (m.)	glossary
	gorge (f.)	throat

goutter	to drip	
grammaire (f.)	grammar	
grand(e)	large; tall; great	
grand-mère (f.)	grandmother	
grands-parents (m.pl.)	grandparents	
gratte-ciel (m.)	skyscraper	
grec (grecque)	Greek	
Grèce (f.)	Greece	
grille (f.)	grid	
grippe (f.)	flu	
gris(e)	grey	
gros(se)	big	
grotte (f.)	cave	
guêpe (f.)	wasp	

H

habitant(e) (m./f.)	inhabitant
habiter (à)	to live (in)
hanté(e)	haunted
haut(e)	high
heure (f.)	time; hour
hier	yesterday
hier soir	last night
histoire (f.)	history; story
hollandais(e)	Dutch
homme (m.)	man
honnête	honest
hôpital (m.)	hospital
horizontalement	across
hôtel (m.) de ville	town hall

I

ici	here
idée (f.)	idea
il	he; it
il y a	there is, there are
île (f.)	island
ils	they (masculine)
image (f.)	picture
imaginaire	imaginary
important(e)	large, important
informations (f.pl.)	information
informatique (f.)	computer studies, I.T.
intéressant(e)	interesting
Irlande (f.)	Ireland
Italie (f.)	Italy

J

(ne ...)	jamais	never
	jambe (f.)	leg
	jardin (m.)	garden
	jardin (m.) public	park
	jaune	yellow
	je	I
	jeter	to throw
	jeu (m.)	game
	jeudi	Thursday
	jeune	young

	joie (f.)	joy
	joli(e)	pretty
	jouer à la/au	to play (sport)
	joueur (m.)	player
	jour (m.)	day
	journal (m.)	newspaper; diary
	journée (f.)	day
tous les	jours	every day
	juillet	July
	jupe (f.)	skirt
	jus (m.)	juice
	jusqu'à	until; up to
Ce n'est pas	juste!	It's not fair!

L

	là	there
oh	là, là!	oh dear!
	là-bas	over there
	lac (m.)	lake
	laisser	to leave
	langue (f.)	language; tongue
	laver	to wash
	légende (f.)	key (to a code)
	lent(e)	slow
	lentement	slowly
	lettre (f.)	letter
se	lever	to get up
	lire	to read
	liste (f.)	list
	lit (m.)	bed
	livre (m.)	book
	logique	logical
... de	long	... long
	long(ue)	long
	longtemps	for a long time
	lundi	Monday

M

	ma	my
	machine (f.) à laver	washing machine
	magasin (m.) de sports	sports shop
	mai	May
	main (f.)	hand
	maintenant	now
	mais	but
à la	maison	at home
	maison (f.)	house
	majorité (f.)	majority
ça va	mal	I feel unwell
j'ai	mal au ventre	I've got stomach ache
je me sens	malade	I feel ill
	maladie (f.)	illness
	maman	mum
	manger	to eat
	marchand (m.)	merchant, shopkeeper
	marche (f.)	step
Ça ne	marche pas!	It doesn't work!

marché (m.)	market	
mardi	Tuesday	
marrant(e)	funny	
mars	March	
matériel (m.)	material, items, equipment	
matin (m.)	morning	
médecin (m.)	doctor	
ménage (m.)	housework	
mer (f.)	sea	
merci	thank you	
mercredi	Wednesday	
mère (f.)	mother	
mettre	to put; to put on, wear	
mettre la table	to lay the table	
midi	noon, midday	
millier (m.)	(about) a thousand	
minichaîne (f.)	midi system, stereo	
minuit	midnight	
mobilhome (m.)	mobile home	
moche	awful, rubbish	
mode (f.)	fashion	
moderne	modern	
moi	me	
au moins	at least	
... moins cinq	five to ...	
mois (m.)	month	
mon	my	
montagne (f.)	mountain	
monter	to go up	
il est mort	he died/is dead	
mosquée (f.)	mosque	
mot (m.)	word	
mots-mobile (m.)	word-mobile	
multicolore	multi-coloured	
mur (m.)	wall	
musée (m.)	museum	
musique (f.)	music	

N

n'est-ce pas?	isn't it? (etc.)	
narrateur (m.)	narrator	
je fais de la natation	I go swimming	
ne ... pas	not	
ne ... jamais	never	
ne ... rien	nothing	
nécessaire	necessary	
nez (m.)	nose	
noir(e)	black	
nom (m.)	name	
nombre (m.)	number	
non plus	neither, not ... either	
nord (m.)	north	
nos	our	
noter	to note (down)	
notre	our	
nous	we	
nuit (f.)	night	
nul	rubbish, useless	
numéro (m.)	number	

O

objet (m.)	object
obligatoire	compulsory
œil (m.)	eye
œuf (m.)	egg
office (m.) du tourisme	tourist office
ordinateur (m.)	computer
oreille (f.)	ear
os (m.)	bone
ou	or
où	where
oublier	to forget
ouest (m.)	west
ouvert(e)	open

P

pain (m.)	bread
paire (f.)	pair
palais (m.)	palace
panique (f.)	panic
pantalon (m.)	trousers
papier (m.)	paper
paquet (m.)	packet
par	by
parc (m.) d'attractions	theme park
parc (m.)	park
parce que	because
pardon	excuse me; pardon?
parler	to speak
partenaire (m./f.)	partner
partir	to leave
pas de ...	no ...
pas tellement	not really
passé (m.)	past
passe-temps (m.)	hobby
passer l'aspirateur	to vacuum
passer	to miss; pass
passionnant(e)	exciting
patin à glace (m.)	ice-skating
à roulettes	roller-skating
patinoire (f.)	skating rink
pâtisserie (f.)	cake shop
pauvre	poor
Pays (m.) de Galles	Wales
pays (m.)	country
pêche (f.)	peach; fishing
peint(e)	painted
pendant	during
pénible	annoying, irritating
perdre	to lose
père (m.)	father
personnage (m.)	character
personne (f.)	person
petit(e)	small
un peu	a little

	pharmacie (f.)	chemist's	**R**		
	phrase (f.)	sentence		rangée (f.)	row, line
	pied (m.)	foot		ranger	to tidy; put away
	pinceau (m.)	paintbrush		rapide	fast
	pique-nique (m.)	picnic		rappel (m.)	reminder
	piscine (f.)	swimming pool		raquette (f.) de tennis	tennis racquet
	piste (f.)	track		rasoir (m.)	razor
	place (f.)	space, room; town square		rater	to miss
	plage (f.)	beach		rayé(e)	striped
	plaire	to please		recherche (f.)	research
s'il vous	plaît	please		recopier	to copy
	plan (m.)	map; plan		récré(ation) (f.)	break
	plus	more		récrire	to rewrite
	plus tard	later		regarder	to look at, watch
	poids (m.)	weight		règle (f.)	ruler; rule
	pointu(e)	sharp		régner	to reign
	pomme (f.)	apple		relier	to join (up)
	porte (f.)	door		remplir	to fill in
	porter	to wear; carry		rendez-vous (m.)	meeting, date
	poste (f.)	Post Office		rentrer	to come back
	pour	for		renverser	to upset (liquid)
	pourquoi?	why?		réparer	to repair
	pratique	practical, useful		repasser	to iron (clothes)
	préféré(e)	favourite		répéter	to repeat; rehearse
	préférer	to prefer		répondre	to answer
	premier (première)	first		réponse (f.)	answer
	prendre	to take		rester	to stay
	près de	near		résultat (m.)	result
	présenter	to introduce		retour (m.)	return
se	présenter	to introduce oneself		retourner	to go back
	presser	to squeeze		rêve (m.)	dream
	prix (m.)	price	au	revoir	good-bye
	prochain(e)	next	ne ...	rien	nothing
	prof(esseur) (m.)	teacher		rimer	to rhyme
	projet (m.)	plan; project		rivière (f.)	river
	promenade (f.)	walk		robe (f.)	dress
Comment ça se	prononce?	How do you pronounce that?		rose	pink
				rouge	red
	propre	clean	en	route	on the way
	puis	then		route (f.)	road
	pull (m.)	pullover		rue (f.)	street, road
				rythme (m.)	rhythm
Q			**S**		
	qu'est-ce que ...?	what ...?		s'il te plaît;	
	quand?	when?		s'il vous plaît	please
	quatre	four		sa	his/her/its
	quatrième	fourth		sac (m.)	bag
	que	what; which; that		sale	dirty
	quel(le)?	which?		salle (f.)	room
	quelquefois	sometimes		salle (f.) à manger	dining room
	qui	which; who		salle (f.) de bains	bathroom
	qui?	who?		salut!	hi!
	quinzaine (f.)	(about) fifteen		samedi	Saturday
	quinze	fifteen		sans	without
	quitter	to leave		saucisson (m.)	sausage
	quoi?	what?		sauvage	wild
				savoir	to know

en	scène	on stage
	scientifique (m./f.)	scientist
	sécher	to dry
	seize	sixteen
	séjour (m.)	living room
	septembre	September
	sers-toi	use
	serviette (f.)	towel
se	servir	to make use of
	si	if; oh yes it is!
	signifier	to mean
	sœur (f.)	sister
j'ai	soif	I am thirsty
	soir (m.)	evening
	solide	solid
	sommaire (m.)	summary
	sondage (m.)	survey
	sortir	to go out
	soucoupe (f.)	saucer
	souligner	to underline
	souterrain(e)	underground
	souvent	often
	spatial(e)	(of) Space
	stade (m.)	stadium
	stylo (m.)	pen
	sud (m.)	south
ça	suffit!	that's enough!
	Suisse (f.)	Switzerland
	supermarché	supermarket
	sur	on, on top of
	sûr(e)	certain

T

	ta	your
	tais-toi!	be quiet!
	tant pis	never mind
	tard	late
	téléviseur (m.)	television set
	tête (f.)	head
	thé (m.)	tea
	théâtre (m.)	theatre
	thème (m.)	theme
	titre (m.)	title
	toi	you
à	toi	your turn
	toilettes (f.pl.)	toilet
	tomate (f.)	tomato
	tomber	to fall
	ton	your
	tôt	early
	toujours	always
	tour (f.)	tower
	tour (m.)	turn; tour
à	tour de rôle	in turn
	touristique	touristy
	tous les jours	every day
	tout(e)	all; every
	tracer	to trace
	tranquille	calm

	travail (m.)	work
	travailler	to work
	treize	thirteen
	tremper	to wet
	trente	thirty
	très	very
	trésor (m.)	treasure
	tricheur(euse) (m./f.)	cheat
	trois	three
	troisième	third
	trop	too much, too many
	trou (m.)	hole
	trousse (f.)	pencil case
	trouver	to find
	tu	you

V

	vacances (f.pl.)	holidays
	vaisselle (f.)	washing up
	vas-y!	go on!
	vedette (f.)	star
	vélo (m.)	bicycle
à	vendre	for sale
	vendre	to sell
	vendredi	Friday
	ventre (m.)	stomach
	vérifier	to check
	verre (m.)	glass
	vers	towards
	vert(e)	green
	verticalement	down
	veste (f.)	jacket
	vêtements (m.pl.)	clothes
	vidéo (f.)	video
	vie (f.)	life
	viens ici!	come here!
	vieux/vieil (vieille)	old
	vilain(e)	ugly
	ville (f.)	town
	vingt	twenty
	violet(te)	purple
	vite	quickly
	voici	here is, here are
	voilà	there is, there are
	voir	to see
à haute	voix	out loud
	vol (m.)	theft, robbery
	voler	to steal, rob
	votre	your
	vouloir	to want
	vous	you
	voyage (m.)	journey
	vrai(e)	true
	vue (f.)	view

Y

	yeux (m.pl.)	eyes

Vocabulaire anglais – français

A

	a, an	un(e)
to be	able	pouvoir
	across	horizontalement
to	adore	adorer
	Africa	Afrique (f.)
	after	après
	afternoon	après-midi (m.)
	again	encore (une fois)
	age	âge (m.)
	all	tout(e); tous
	alright	d'accord
	also	aussi
	always	toujours
	and	et
	animal	bête (f.), animal (m.)
	annoying	pénible
	answer	réponse (f.)
	apple	pomme (f.)
	April	avril
	arm	bras (m.)
	arrival	arrivée (f.)
to	arrive	arriver
	art	dessin (m.)
	as	comme
	as well	aussi
to	ask	demander
	at	à, au, à la, à l' (pl. aux)
	at ...'s house	chez...
	at least	au moins
to	attach	attacher
pay	attention!	attention!
	August	août
	Austria	Autriche (f.)
	awful	moche

B

	back	dos (m.)
the weather's	bad	il fait mauvais
	bag	sac (m.)
	baker's	boulangerie (f.)
	ball	ballon (m.)
	banana	banane (f.)
	bank	banque (f.)
	basketball (game)	basket (m.)
	bath	bain (m.)
	bathroom	salle (f.) de bains
	battle	bataille (f.)
to	be	être
	beach	plage (f.)
	because	parce que
	bed	lit (m.)
	bedroom	chambre (f.)
	before	avant
	behind	derrière
	Belgium	Belgique (f.)
	beside	au bord de
	between	entre
	bicycle	vélo (m.)
	big	gros(se); grand(e)
	bird	oiseau (m.)
	birthday	anniversaire (m.)
	black	noir(e)
	blast!	zut (alors)!
	blue	bleu(e)
	boat	navire (m.), bateau (m.)
	book	livre (m.)
	boring	ennuyeux (ennuyeuse)
	bottle	bouteille (f.)
	boy	garçon (m.)
	bread	pain (m.)
to	break	casser
	break (school)	récré(ation) (f.)
	breakfast	petit déjeuner (m.)
	brother	frère (m.)
	brown	brun(e)
(speech)	bubble	bulle (f.)
	budgerigar	perruche (f.)
	but	mais
to	buy	acheter
	by	par

C

	cafe	café (m.)
	cake	gâteau (m.)
	cake shop	pâtisserie (f.)
I am	called	je m'appelle
	calm	tranquille; calme
	campsite	camping (m.)
	canoeing	canoë-kayak
	cap	casquette (f.)
	cards	cartes (f.pl.)
	cartoon	bande (f.) dessinée
	castle	château (m.)
	cat (male)	chat (m.)
	cat (female)	chatte (f.)
	cathedral	cathédrale (f.)
	cave	grotte (f.)
	centre	centre (m.)
town	centre	centre-ville (m.)
	certain	sûr(e)
	chair	chaise (f.)
to	change	changer
	changing room	cabine (f.) d'essayage
	character	personnage (m.)
	cheat	tricheur(euse)
to	check	vérifier
	checked (pattern)	à carreaux
	cheese	fromage (m.)
	chemist's	pharmacie (f.)
	chess	échecs
	chest of drawers	commode (f.)
	child	enfant (m./f.)
	chips	frites (f.pl.)

chocolate	chocolat (m.)
choice	choix (m.)
to choose	choisir
church	église (f.)
cinema	cinéma (m.)
to circle	encercler
class	classe (f.)
classical	classique
clean	propre
to clear the table	débarrasser la table
clothes	vêtements (m.pl.)
coach	car (m.)
coffee	café (m.)
coke	coca (m.)
I have a cold	je suis enrhumé(e)
I'm cold	j'ai froid
it's cold	il fait froid
colour	couleur (f.)
to colour in	colorier
to come	venir
to come back	rentrer
come here!	viens ici!
comfortable	confortable
to complete	compléter
computer	ordinateur (m.)
computer studies	informatique (f.)
to continue	continuer
to cook	faire la cuisine
to copy	copier; recopier
to correct	corriger
country	pays (m.)
countryside	campagne (f.)
of course	bien sûr
cousin	cousin(e) (m./f.)
cream	crème (f.)
crisps	chips (m.pl.)
cupboard	armoire (f.)
to cut	couper

D

dance	bal (m.)
to dance	danser
date (meeting)	rendez-vous (m.)
daughter	fille (f.)
day	jour (m.); journée (f.)
the day before yesterday	avant-hier
Dear ... (at beginning of letters)	Cher (Chère) ...
oh dear!	oh là, là!
December	décembre
to decide	décider
to declare	déclarer
delicatessen	charcuterie (f.)
delicious	délicieux (délicieuse)
departure	départ (m.)
detail	détail (m.)
detective	détective (m.)
diary	journal (m.); agenda (m.)
dice	dé (m.)
dictionary	dictionnaire (m.)
difference	différence (f.)
different	différent(e)
difficult	difficile
dining room	salle (f.) à manger
dinner (evening meal)	dîner (m.)
dinosaur	dinosaure (m.)
dirty	sale
disaster	désastre (m.)
disco	discothèque (f.)
discovery	découverte (f.)
to discuss	discuter
to do	faire
doctor	docteur (m.); médecin (m.)
dog (male)	chien (m.)
dog (female)	chienne (f.)
door	porte (f.)
Dover	Douvres
down (crossword)	verticalement
dozen	douzaine (f.)
to draw	dessiner
dream	rêve (m.)
dress	robe (f.)
to drink	boire
dry	sec (sèche)
to dry	sécher
during	pendant

E

each	chaque
ear	oreille (f.)
early	tôt
earth	terre (f.)
east	est (m.)
easy	facile
to eat	manger
egg	œuf (m.)
eight	huit
eighteen	dix-huit
eighth	huitième
eighty	quatre-vingts
eleven	onze
end	fin (f.)
England	Angleterre (f.)
English	anglais(e)
English (language)	anglais (m.)
Enjoy your meal!	Bon appétit!
enough	assez
That's enough!	Ça suffit!
especially	surtout
evening	soir (m.)
every	tout(e)
every day	tous les jours
everywhere	partout
exactly	exactement
example	exemple (m.)
exciting	passionnant(e)

	excuse me(?)	pardon(?)
	exercise book	cahier (m.)
	exhibition	exposition (f.)
	expensive	cher (chère)
	extraterrestrial	extra-terrestre (m.)
	eye	œil (m.) (pl. yeux)

F

It's not	fair!	Ce n'est pas juste!
	fairly	assez
to	fall	tomber
	false	faux (fausse)
	family	famille (f.)
	famous	célèbre
	fan	fanatique (m./f.)
	fancy dress party	bal (m.) masqué
	fantastic	fantastique
	farm	ferme (f.)
	fashion	mode (f.)
	fast	rapide
	father	père (m.)
	favourite	favori(te); préféré(e)
	February	février
	fifteen	quinze
	fifth	cinquième
	fifty	cinquante
to	fill in	remplir
	finally	enfin; finalement
to	find	trouver; retrouver
it's	fine	il fait beau
	finger	doigt (m.)
to	finish	finir
	fire	feu (m.)
	first	premier (première)
	first of all	d'abord
	fish	poisson (m.)
to go	fishing	aller à la pêche
	five	cinq
	five to …	… moins cinq
	flat	appartement (m.)
	flu	grippe (f.)
it's	foggy	il fait du brouillard
	foot	pied (m.)
	football	foot (m.)
	for	pour
	forest	forêt (f.)
to	forget	oublier
don't	forget	n'oublie pas
	forty	quarante
	four	quatre
	fourteen	quatorze
	fourth	quatrième
	free time	temps (m.) libre
	French (language)	français (m.)
	French	français(e)
	frequent	fréquent(e)
	Friday	vendredi
	friend	copain (m.), copine (f.)

	from	de; dès
in	front of	devant
	fun(ny)	amusant(e), marrant(e)
it's	funny!	c'est rigolo!
the	future	avenir (m.)

G

	game	jeu (m.)
	garden	jardin (m.)
	gently	doucement
	gerbil	gerbille (f.)
	Germany	Allemagne (f.)
	German (language)	allemand (m.)
	German	allemand(e)
	girl	fille (f.)
to	give	donner
	glossary	glossaire (m.)
	glue	colle (f.)
to	go	aller
to	go back	reculer; retourner
to	go forward	avancer
to	go into	entrer dans
	go on!	vas-y!
to	go out	sortir
to	go up	monter
	good	bien; bon(ne)
	good luck!	bonne chance!
	good-bye	au revoir
	Goodness!	Dis donc!
	grandfather	grand-père (m.)
	grandmother	grand-mère (f.)
	grandparents	grands-parents (m.pl.)
	great	grand(e)
	great!	chic!, chouette!
	Greece	Grèce (f.)
	green	vert(e)
	grey	gris(e)
	grid	grille (f.)
	group	groupe (m.)
	guinea pig	cochon (m.) d'Inde
	guitar	guitare (f.)
	guys	gars (m.pl.)

H

	half	demi(e)
at	half past …	à … heures et demie
	hand	main (f.)
to	hate	détester
	haunted	hanté(e)
to	have	avoir; prendre (food)
	Have a nice meal!	Bon appétit!
	he	il
	head	tête (f.)
	headteacher	directeur (m.), directrice (f.)
	heart	cœur (m.)
	hello	bonjour
to	help	aider

her	son, sa (pl. ses)	joke	blague (f.)
here	ici	journey	voyage (m.)
here is, here are	voici	joy	joie (f.)
hi!	salut!	juice	jus (m.)
hill	colline (f.)	July	juillet
his	son, sa (pl. ses)	June	juin
history	histoire (f.)		
hobby	passe-temps (m.)	**K**	
hole	trou (m.)		
holidays	vacances (f.pl.)	key (code)	légende (f.)
at home	à la maison	key (door)	clef (f.)
homework	devoirs (m.pl.)	kitchen	cuisine (f.)
honest	honnête	kitten	chaton (m.)
horse	cheval (m.)	to know	savoir
hospital	hôpital (m.)		
I'm hot	j'ai chaud	**L**	
it's hot	il fait chaud		
hot-dog	hot dog (m.)	lads	gars (m.pl.)
hotel	hôtel (m.)	lake	lac (m.)
hour	heure (f.)	language	langue (f.)
house	maison (f.)	large	grand(e); important(e)
housework	ménage (m.)	last night	hier soir
How are you?	Ça va?	late	tard
How many?	combien?	later	plus tard
How?	comment?	to leave	laisser; partir; quitter
hundred	cent	on the left	à gauche
		leg	jambe (f.)
I		lemon	citron (m.)
I	je	lemonade	limonade (f.)
I.T.	informatique (f.)	lesson	cours (m.)
ice-cream	glace (f.)	letter	lettre (f.)
ice-skating	patin (m.) à glace	library	bibliothèque (f.)
idea	idée (f.)	life	vie (f.)
if	si	to like	aimer
I feel ill	je me sens malade	like	comme
illness	maladie (f.)	list	liste (f.)
imaginary	imaginaire	to listen (to)	écouter
in	à, au/à la/à l' (pl. aux); dans; en	a little	un peu
		to live (in)	habiter (à)
in(to)	dans	living room	séjour (m.)
information	informations (f.pl.)	London	Londres
interesting	intéressant(e)	long	long(ue)
to interview	interviewer	for a long time	longtemps
Ireland	Irlande (f.)	to look after	garder
irritating	pénible	to look at	regarder
island	île (f.)	to look for	chercher; rechercher
isn't it? (etc.)	n'est-ce pas?	to lose	perdre
it	il; elle; ce	a lot	beaucoup
it's my turn	c'est à moi	love	amour (m.)
it's your turn	c'est à toi; c'est à vous	to love	adorer; aimer
Italy	Italie (f.)	love from ... (at the end of letters)	amitiés ...
Italian (language)	italien (m.)	lovely	beau (belle)
Italian	italien(ne)	Good luck!	Bonne chance!
its	son, sa (pl. ses)	lunch	déjeuner (m.)
J		**M**	
jacket	veste (f.)	majority	majorité (f.)
January	janvier	to make	faire

	man	homme (m.)	
	map	carte (f.); plan (m.)	
	March	mars	
	market	marché (m.)	
	May	mai	
	me	moi	
	meeting (date)	rendez-vous (m.)	
	method	méthode (f.)	
	metre	mètre (m.)	
	midday	midi	
	midi system	minichaîne (f.)	
	midnight	minuit	
	mineral water	eau (f.) minérale	
to	miss a go	passer un tour	
to	miss the bus	rater le bus	
	mistake	erreur (f.)	
	mobile home	mobilhome (m.)	
	modern	moderne	
	Monday	lundi	
	money	argent (m.)	
	month	mois (m.)	
	more	plus	
	morning	matin (m.)	
	Morocco	Maroc (m.)	
	mosque	mosquée (f.)	
	mother	mère (f.)	
	mountain	montagne (f.)	
	mouse	souris (f.)	
	multi-coloured	multicolore	
	mum	maman	
	museum	musée (m.)	
	music	musique (f.)	
	my	mon, ma (pl. mes)	

N

name	nom (m.)	
narrator	narrateur (m.)	
near	près de	
necessary	nécessaire	
neither, not ... either	non plus	
never	(ne ...) jamais	
never mind	tant pis	
newspaper	journal (m.)	
next	prochain(e); ensuite	
night	nuit (f.)	
nine	neuf	
nineteen	dix-neuf	
ninety	quatre-vingt-dix	
no ... (not any ...)	pas de ...	
north	nord (m.)	
nose	nez (m.)	
not	ne ... pas	
to note (down)	noter	
nothing	ne ... rien	
November	novembre	
now	maintenant	
number	nombre (m.); numéro (m.); chiffre (m.)	

O

at ... o'clock	à ... heure(s)
object	objet (m.)
October	octobre
of	de
office	bureau (m.)
often	souvent
OK	d'accord
I'm OK	ça va
old	vieux/vieil (vieille)
on	sur
once more	encore une fois
one	un(e)
only	seulement
only child (boy)	fils (m.) unique
only child (girl)	fille (f.) unique
open	ouvert(e)
or	ou
other	autre
ouch!	aïe!
our	notre (pl. nos)
out loud	à haute voix
over there	là-bas

P

	packet	paquet (m.)
	pair	paire (f.)
in	pairs	à deux
	palace	palais (m.)
	panic	panique (f.)
	paper	papier (m.)
	pardon?	pardon?
	park	jardin (m.) public, parc (m.)
	parrot	perroquet (m.)
	partner	partenaire (m.
	party	boum (f.); fête (f.)
the	past	passé (m.)
	pay attention!	attention!
	peach	pêche (f.)
	pen	stylo (m.)
	pencil	crayon (m.)
	pencil case	trousse (f.)
	penfriend	correspondant(e) (m./f.)
	person	personne (f.)
	picnic	pique-nique (m.)
	picture	image (f.)
	pink	rose
What a	pity!	Quel dommage!
	place	endroit (m.)
	plan	plan (m.)
	planet	planète (f.)
to	play (sport)	jouer à la/au/à l'/aux
	player	joueur (m.)
	playground	cour (f.)
	please	s'il te plaît, s'il vous plaît
	pleased	content(e)
	police station	commissariat (m.)

cent trente-sept 137

	poor	pauvre
	Post Office	poste (f.)
	postcard	carte (f.) postale
	practical	pratique
to	prefer	préférer
	prehistoric	préhistorique
to	prepare	préparer
	presentation	présentation (f.)
	pretty	joli(e)
	price	prix (m.)
	project	projet (m.)
How do you	pronounce that?	Comment ça se prononce?
	pullover	pull (m.)
	puppy	chiot (m.)
	purple	violet(te)
to	put	mettre; poser
to	put on (wear)	mettre

Q

	quarter past ...	... et quart
	quarter to ...	... moins le quart
	quickly	vite
be	quiet!	tais-toi!
	quietly	doucement
	quite	assez

R

	rabbit	lapin (m.)
it's	raining	il pleut
to	read	lire
not	really	pas tellement
to	record	enregistrer
	red	rouge
to	refuse	refuser
	region	région (f.)
to	rehearse	répéter
	reminder	aide-mémoire (m.); rappel (m.)
to	repair	réparer
to	repeat	répéter
	result	résultat (m.)
	return	retour (m.)
to	revise	réviser
	revision	révision (f.)
	right	bon(ne)
on the	right	à droite
	river	rivière (f.)
	road	route (f.); rue (f.)
to	rob	voler
	robbery	vol (m.)
I go	roller-skating	je fais du patin à roulettes
	room (in a house)	salle (f.)
	room (space)	place (f.)
	row (line)	rangée (f.)
	rubbish	nul; moche
	rule; ruler	règle (f.)

S

I go	sailing	je fais de la voile
for	sale	à vendre
	same	même
	Saturday	samedi
	sausage	saucisson (m.)
I	say!	dis donc!
	school	collège (m.)
	science	sciences (f.pl.)
	scissors	ciseaux (m.pl.)
	Scotland	Ecosse (f.)
	Scottish	écossais(e)
	sea	mer (f.)
	seated	assis(e)
	second	deuxième; seconde (f.)
to	see	voir
	see you soon	à bientôt
	sentence	phrase (f.)
	September	septembre
	seven	sept
	seventeen	dix-sept
	seventh	septième
What a	shame!	Quel dommage!
	she	elle
	sheet (of paper)	fiche (f.)
	shelf, shelves	étagère (f.)
	shirt	chemise (f.)
	shoe	chaussure (f.)
	shopkeeper	marchand (m.)
	shopping	achats (m.pl.)
to go	shopping	faire les courses
to	shout	crier
	shower	douche (f.)
I'm	sick of it	j'en ai marre
	side	bord (m.)
	since	dès
	sister	sœur (f.)
	sixteen	seize
	sixth	sixième
	sixty	soixante
	skating	patin
	skating rink	patinoire (f.)
	skirt	jupe (f.)
	slow	lent(e)
	slowly	lentement
	small	petit(e)
it's	snowing	il neige
	sock	chaussette (f.)
	some	quelque
	sometimes	parfois; quelquefois
	soon	bientôt
to be	sorry	regretter; être désolé(e)
	south	sud (m.)
(outer)	space	espace (f.)
	space	place (f.)
	Spain	Espagne (f.)
	Spanish (language)	espagnol (m.)
	Spanish	espagnol(e)
to	speak	parler

sporting; sporty	sportif (sportive)
sports centre	centre (m.) sportif
sports shop	magasin (m.) de sports
square (shaped)	carré(e)
square (in a board game); box	case (f.)
ssshhh!	chut!
stadium	stade (m.)
on stage	en scène
staircase	escalier (m.)
star (celebrity)	vedette (f.)
the start	début (m.)
to start	commencer
station	gare (f.)
to stay	rester
to steal	voler
step-brother	demi-frère (m.)
step-sister	demi-sœur (f.)
stereo	minichaîne (f.)
to stick	coller
stomach	ventre (m.)
I've got stomach ache	j'ai mal au ventre
to stop	arrêter
story	histoire (f.)
straight on	tout droit
strawberry	fraise (f.)
street	rue (f.)
striped	rayé(e)
summary	sommaire (m.)
Sunday	dimanche
it's sunny	il fait du soleil
supermarket	supermarché (m.)
survey	sondage (m.)
I go swimming	je fais de la natation
swimming pool	piscine (f.)
Switzerland	Suisse (f.)

T

table football	baby-foot (m.)
to take	prendre
to take out	sortir
tall	grand(e)
tea	thé (m.)
teacher	prof(esseur) (m.)
television	télévision
television (set)	téléviseur (m.)
television series	série télévisée
ten	dix
ten-pin bowling	bowling (m.)
tennis racquet	raquette (f.)
terrible	moche
thank you	merci
that	ça
theft	vol (m.)
their	leur (pl. leurs)
theme	thème (m.)
theme park	parc (m.) d'attractions
then	alors; ensuite; puis;
there	là
there is, there are	il y a
they	ils; elles
things	affaires (f.pl.)
third	troisième
to be thirsty	avoir soif
thirteen	treize
thirty	trente
this	ce/cet (cette); ça
three	trois
throat	gorge (f.)
to throw	jeter
Thursday	jeudi
to tick	cocher
ticket	billet (m.)
to tidy	ranger
tie	cravate (f.)
tights	collant (m.)
time	heure (f.); fois (f.)
What time is it?	Quelle heure est-il?
tired	fatigué(e)
title	titre (m.)
to	à, au, à la, à l' (pl. aux)
today	aujourd'hui
toilet	toilettes (f.pl.)
tomato	tomate (f.)
tomorrow	demain
too	aussi
too much, too many	trop
tooth	dent (f.)
on top of	sur
tortoise	tortue (f.)
tour; turn	tour (m.)
tourist office	office (m.) du tourisme
touristy	touristique
towards	vers
tower	tour (f.)
town	ville (f.)
town centre	centre-ville (m.)
town hall	hôtel (m.) de ville
trainers	baskets (f.pl.)
treasure	trésor (m.)
trousers	pantalon (m.)
true	vrai(e)
to try (on)	essayer
Tuesday	mardi
your turn	à toi
in turn	à tour de rôle
twelve	douze
twenty	vingt
twenty-four	vingt-quatre
two	deux

U

ugly	vilain(e)
uncle	oncle (m.)

to understand	comprendre	with	avec
until	jusqu'à	without	sans
I feel unwell	ça va mal	word	mot (m.)
up to	jusqu'à	word-mobile	mots-mobile (m.)
to upset (liquid)	renverser	to work	travailler
use ..,	sers-toi de …	It's not working!	Ça ne marche pas!
useful	pratique	work	travail (m.)
useless	nul(le)	worksheet	fiche (f.)
		world	monde (m.)
		to write	écrire

V

to vacuum	passer l'aspirateur
valley	vallée (f.)
very	très
video	vidéo (f.)
view	vue (f.)
TV viewer	téléspectateur (m.)
visit	visite (f.)
volleyball (game)	volley (m.)

Y

year	an (m.); année (f.)
yellow	jaune
Oh yes it is!	Si!
yesterday	hier
you	toi; tu; vous
young	jeune
your	ton, ta (pl. tes); votre (pl. vos)

W

waffle	gaufre (f.)
Wales	Pays (m.) de Galles
walk	promenade (f.)
I go for walks	je fais des promenades
to want	vouloir
he/she/it was	il/elle était
it was	c'était
washing up	vaisselle (f.)
wasp	guêpe (f.)
to watch	regarder
watch out!	attention!
water	eau (f.)
waterfall	cascade (f.)
on the way	en route
we	nous
to wear	porter
wear	mettre
weather	temps (m.)
Wednesday	mercredi
week	semaine (f.)
welcome	bienvenue
well	bien; alors
I'm not well	ça ne va pas
well done!	Bravo!
west	ouest (m.)
what …?	qu'est-ce que …?; que …?
what?	quoi?; comment?
when?	quand?
where(?)	où(?)
which	que; qui
which?	quel(le)?
white	blanc (blanche)
who(?)	qui(?)
why?	pourquoi?
to win	gagner
window	fenêtre (f.)
it's windy	il fait du vent

Instructions

à deux	in pairs
à toi	your turn
Apprends par cœur.	Learn by heart.
Attache une photo.	Attach a photo.
Attention!	Watch out! Pay attention!
Avance à la case 27.	Go forward to square 27.
C'est quel numéro?	Which number is it?
C'est quelle lettre?	Which letter is it?
C'est quelle photo?	Which photo is it?
C'est qui?	Who is it?
C'est quoi en anglais?	What is it in English?
C'est quoi en français?	What is it in French?
C'est comment?	What's it like?
C'est quel pays?	Which country is it?
C'est quelle image?	Which picture is it?
C'est quelle phrase?	Which sentence is it?
C'est vrai ou faux?	Is it true or false?
Change(z) …	Change …
Change les détails.	Change the details.
Changez les dialogues.	Change the dialogues.
Cherche la bonne réponse.	Find the correct answer.
Choisis(sez) …	Choose …
Choisis le bon texte.	Choose the correct text.
Choisis les bonnes lettres.	Choose the correct letters.
Choisissez les détails.	Choose the details.
Coche et réponds aux questions.	Tick and answer the questions.
Colorie les images.	Colour in the pictures.
Commence avec:	Start with:
Comment ça se prononce?	How do you pronounce that?
Comment dit-on 'theatre' en français?	How do you say 'theatre' in French?
Complète la carte postale.	Complete the postcard.
Complète les phrases.	Complete the sentences.
Copie le mot dans la bonne case.	Copy the word in the correct box.
Copie les phrases.	Copy the sentences.
Corrige les erreurs.	Correct the mistakes.
Coupe(z) …	Cut (out) …
Coupez et jouez à deux.	Cut out and play in pairs.
Décris ces photos.	Describe these photos.
Dessine un poster.	Draw a poster.
Dispute avec ton/ta partenaire.	Argue with your partner.
Donne les bonnes directions.	Give the correct directions.
Ecoute(z) …	Listen …
Ecoute encore une fois.	Listen again.
Ecoute et colorie.	Listen and colour in.
Ecoute l'interview.	Listen to the interview.
Ecoute la cassette.	Listen to the cassette.
Ecoute les conversations.	Listen to the conversations.
Ecoutez et lisez.	Listen and read.
Ecris/Ecrivez …	Write (out) …
Ecris d'autres invitations.	Write other invitations.
Ecris des phrases plus longues.	Write longer sentences.
Ecris la bonne phrase.	Write the correct sentence.
Ecris les bonnes lettres dans les cases.	Write the correct letters in the boxes.
Ecris les conversations.	Write out the conversations.
Ecris les phrases dans ton cahier.	Write the sentences in your exercise book.
Ecris ta carte postale.	Write your postcard.
Ecris tes réponses.	Write out your answers.
Ecrivez les textes.	Write out the texts.
Encercle les mots.	Circle the words.
Enregistre(z) …	Record …
Enregistre les interviews.	Record the interviews.
Enregistre ta description.	Record your description.
Exemple:	Example:
Fais/faites …	Do/make (up)/carry out …
Fais d'autres conversations.	Make up other conversations.
Fais des notes.	Make notes.
Fais des phrases.	Make up sentences.

Fais les paires.	Match up the pairs.
Fais ton choix.	Make your choice.
Fais ton poème.	Make up your poem.
Fais ton poster.	Make your poster.
Faites des dialogues.	Make up dialogues.
Interviewe ton/ta partenaire.	Interview your partner.
Invente(z) …	Invent …
Invente d'autres phrases.	Invent other sentences.
Inventez encore des conversations.	Invent more conversations.
Je passe un tour.	I miss a go.
Jetez un six.	Throw a six.
Joue avec ton/ta partenaire.	Play the game with your partner.
Jouez les rôles.	Play the roles.
Légende	Key, code
Lis/lisez …	Read …
Lis et prononce.	Read and say out loud.
Lis la conversation avec un/une partenaire.	Read the conversation with a partner.
Lis le texte et remplis les blancs.	Read the text and fill in the gaps.
Lis les phrases.	Read the sentences.
Lisez à haute voix.	Read out loud.
Mets dans l'ordre de préférence.	Put in order of preference.
Mets dans le bon ordre.	Put into the correct order.
Mets la bonne lettre.	Put in the correct letter.
Mets le bon mot.	Put in the correct word.
Mets les réponses dans les cases.	Put the answers in the boxes.
Note la réponse.	Note the answer.
Note les détails.	Note the details.
Oui ou non?	Yes or no?
Pose des questions et note les réponses.	Ask questions and note down the replies.
Prépare les réponses.	Prepare the answers.
Prépare une description.	Prepare a description.
Qui est-ce?	Who is it?
Qui parle?	Who is talking?
Recopie et fais des phrases correctes.	Copy out again and make up correct sentences.
Récrivez et enregistrez l'histoire.	Rewrite and record the story.
Regarde(z) …	Look at …
Regarde ces mots.	Look at these words.
Regarde dans le dictionnaire.	Look in the dictionary.
Regarde dans ton glossaire anglais-français.	Look in your English-French glossary.
Regarde la carte et complète les phrases.	Look at the map and complete the sentences.
Regarde le plan.	Look at the plan/map.
Regarde le sommaire du module.	Look at the module summary.
Regarde les dessins et cherche dans le dictionnaire.	Look at the drawings and search in the dictionary.
Regarde les images et remplis les blancs.	Look at the pictures and fill in the gaps.
Regarde les pages de la grammaire.	Look at the grammar pages.
Regarde les réponses.	Look at the answers.
Relie la phrase et le dessin.	Match the sentence and the drawing.
Relie le bon numéro et l'image.	Match up the correct number and picture.
Remplis la grille.	Fill in the grid.
Remplis les blancs.	Fill in the gaps.
Remplis les cases.	Fill in the boxes.
Répète/répétez …	Repeat/rehearse …
Répétez et enregistrez l'histoire.	Rehearse and record the story.
Réponds à la lettre.	Reply to the letter.
Réponds aux questions.	Answer the questions.
Sers-toi du glossaire.	Use the glossary.
Souligne les mots.	Underline the words.
Trace la bonne route.	Trace the correct route.
Travaillez en groupes de trois personnes.	Work in groups of three.
Trouve les bonnes pages.	Find the correct pages.
Vérifie et répète.	Check and repeat.
voir page 120	see page 120
Vrai ou faux?	True or false?